金融高质量发展

具体内涵和实践路径

何德旭 著

中信出版集团 | 北京

图书在版编目（CIP）数据

金融高质量发展 / 何德旭著 . -- 北京 : 中信出版社 , 2024.4
ISBN 978-7-5217-6426-0

Ⅰ.①金… Ⅱ.①何… Ⅲ.①金融业－经济发展－研究－中国 Ⅳ.① F832

中国国家版本馆 CIP 数据核字 (2024) 第 041469 号

金融高质量发展
著者： 何德旭
出版发行：中信出版集团股份有限公司
（北京市朝阳区东三环北路 27 号嘉铭中心　邮编　100020）
承印者： 北京通州皇家印刷厂

开本：787mm×1092mm 1/16　　印张：18.75　　字数：230 千字
版次：2024 年 4 月第 1 版　　　　　印次：2024 年 4 月第 1 次印刷
书号：ISBN 978-7-5217-6426-0
定价：79.00 元

版权所有·侵权必究
如有印刷、装订问题，本公司负责调换。
服务热线：400-600-8099
投稿邮箱：author@citicpub.com

目 录

前　言　金融高质量发展的科学指引　V

第一章
金融高质量发展与中国式现代化　001

第一节　实现高质量发展是中国式现代化的本质要求　005

第二节　金融高质量发展是高质量发展的重要一环　014

第三节　中国式现代化的丰富内涵与金融高质量发展的重要使命　021

第二章
优化金融服务：金融高质量发展的根本宗旨　031

第一节　从金融与经济的关系看金融服务实体经济　035

第二节　切实做好五篇大文章　043

第三节　注重为民营企业发展壮大提供有效的金融服务　052

第三章
深化金融改革：金融高质量发展的动力源泉 059

第一节 深化金融改革推动金融高质量发展的作用机理 062

第二节 深化金融供给侧结构性改革，加快建设中国特色现代金融体系 071

第三节 中国特色现代金融体系的本质特征 077

第四节 深化金融供给侧结构性改革的着力点 087

第四章
防控金融风险：金融高质量发展的永恒主题 095

第一节 金融高质量发展仍然面临较多的金融风险隐患 099

第二节 有针对性地防控各种金融风险 109

第三节 构建全方位的金融风险防控战略体系 116

第四节 统筹金融风险防控与金融高质量发展 122

第五章
扩大金融开放：金融高质量发展的内在需要 135

第一节 扩大金融高水平开放与金融高质量发展 138

第二节 我国金融开放已经取得显著成效 143

第三节 我国金融开放的经验总结 154

第四节 推进新时代金融高水平开放，推动金融高质量发展 157

第六章
培育金融文化：金融高质量发展的本质特征　163

第一节　从文化建设说起　167
第二节　培育和建设金融文化至关重要　171
第三节　理解中国特色金融文化的不同视角　175
第四节　积极培育中国特色金融文化　181

第七章
建设金融强国：金融高质量发展的战略目标　195

第一节　金融强国及其关键核心要素　200
第二节　我国建设金融强国的现实基础与短板弱项　216
第三节　推进金融高质量发展以加快建设金融强国　227

第八章
坚持党的领导：金融高质量发展的根本保证　233

第一节　坚持和加强党领导金融工作的历史逻辑　237
第二节　坚持党的领导是金融高质量发展的现实需要　244
第三节　坚持和加强党的领导以保障金融高质量发展　249

后　　记　259
参考文献　261

前　言

金融高质量发展的科学指引

　　金融是现代经济的核心，是国民经济的血脉，是资源配置和宏观调控的重要工具，是推动经济社会发展的重要力量。党的十八大以来，习近平总书记高度重视金融工作，多次发表关于金融的重要讲话。[1] 习近平总书记的重要讲话思想深邃、视野宏阔、论述精辟、内涵丰富，具有很强的政治性、理论性、针对性、指导性。

　　习近平总书记关于金融的重要论述，坚持以马克思主义为指导，始终贯穿马克思主义的立场、观点和方法，充分体现了辩证唯物主义和历史唯物主义的世界观、方法论，系统、深入地阐述了金融的本质和特征、地位和作用、目标和任务、方针和原则，深刻揭示了新时代

---

1. 截至本书出版时，习近平总书记关于金融的集中论述有五次：2017年4月25日，中共中央政治局就维护国家金融安全进行第四十次集体学习，习近平总书记主持并发表重要讲话；2017年7月14日至15日，全国金融工作会议在北京举行，习近平总书记出席并发表重要讲话；2019年2月22日，中共中央政治局就完善金融服务、防范金融风险举行第十三次集体学习，习近平总书记主持并发表重要讲话；2023年10月30日至31日，中央金融工作会议在北京举行，习近平总书记出席并发表重要讲话；2024年1月16日，省部级主要领导干部推动金融高质量发展专题研讨班在中央党校（国家行政学院）开班，习近平总书记在开班式上发表重要讲话。

中国金融的基本特点和内在规律。

这些重要论述，站在党和国家事业发展全局的高度，既立足国内又放眼世界、既立足当前又着眼长远，从中国国情出发，深深扎根于中国金融发展的实践，从直接融资到间接融资，从银行体系到资本市场，从货币政策到宏观审慎监管，从金融风险防控到为实体经济服务，从金融改革到金融开放，全面、客观地分析了我国金融发展面临的形势，全面总结了我国金融发展的成功经验，致力于解决我国金融发展过程中遇到的突出矛盾和风险挑战、弥补我国金融的短板和不足，指出了新时代中国金融发展的新方向。

这些重要论述，基于新时代经济发展需求和社会关切，提出了一系列金融新理念新思想新论断，深刻阐释了有关金融的一系列重大理论和实践问题，贯穿着强烈的创新思维、创新精神，集中反映了中国金融改革发展的最新理论成果和实践成果，极大地丰富和发展了马克思主义金融理论，为做好中国式现代化进程中的金融发展稳定工作、增强发展动力、厚植发展优势、推动金融高质量发展奠定了坚实的理论基础，提供了有力的思想支撑和战略指引。

习近平总书记特别强调，发展金融业需要学习借鉴外国有益经验，但必须立足国情，从我国实际出发，准确把握我国金融发展特点和规律，不能照抄照搬；要深化对金融本质和规律的认识，立足中国实际，走出中国特色金融发展之路。面对严峻复杂的国内外形势，面对现代化国家建设对金融的新要求，必须认真学习贯彻落实习近平总书记关于金融的系列重要讲话精神，不断深化对金融本质和规律的认识，深入扎实地推进中国特色金融的高质量发展。

一、习近平总书记关于金融的重要论述具有鲜明的全局性

"不谋全局者,不足谋一域。"现代化国家建设过程中中国金融的发展,要求"努力增强总揽全局的能力",从整体、全局上把握中国金融发展的趋势和方向,紧紧围绕金融服务于实体经济这一核心要务,统筹兼顾、抓住重点,站在时代和历史高点、政治高位、世界高度来观察、研究、谋划中国金融高质量发展。

1. 金融高质量发展要服务于实体经济发展这一大局

习近平总书记指出:"金融活,经济活;金融稳,经济稳。经济兴,金融兴;经济强,金融强。经济是肌体,金融是血脉,两者共生共荣。"金融是实体经济的血脉,为实体经济服务是金融的天职,是金融的宗旨。做好金融工作要回归本源,金融要把为实体经济服务作为出发点和落脚点,全面提升服务效率和水平。

持续改进和不断提升金融服务实体经济能力,增强金融服务实体经济质效,关键在于,一是将更好地满足实体经济有效金融需求作为出发点和落脚点,支持供给侧结构性改革,积极服务国家重大战略实施和培育新动能,把更多金融资源配置到经济社会发展的重点领域和薄弱环节,不断为实体经济注入"源头活水",实现金融供给与金融需求间的动态平衡。二是有效降低社会综合融资成本,健全基准利率和市场化利率体系,完善贷款市场报价利率传导机制,推进存量浮动利率贷款定价基准转换;发挥好市场利率定价自律机制作用,维护公平定价秩序,减少无序竞争,降低金融机构负债成本刚性;基于现代金融科技,着眼于培育市场研发能力、资产识辨能力、风险资产定价能力等,有效降低金融服务成本。三是在采取措施减少资金空转、层层嵌套和监管套利的同时,改变造成过度"脱实向虚"的体制和机制，营造适宜的生态，提高实体企业生产力和竞争力，提高投资效率与资源配置效率，让金融和实体经济各归其位，形成良性循环，实现"共生共荣"。

2. 金融高质量发展要建基于对总量和结构的科学把握

适应金融高质量发展的需要，必须注重同时发挥总量和结构性货币政策工具的作用，不能偏废。

总量上，要灵活运用并创新多种货币政策工具，以适度的货币信贷增长支持实体经济恢复与可持续发展。稳健的货币政策要更加灵活适度，不断适应货币供应方式的新变化，有效运用创新型流动性管理工具，把好货币供给总闸门，不搞"大水漫灌"，保持流动性合理充裕，促进金融与实体经济良性循环；同时，要建设普惠金融体系，加强对小微企业、"三农"和偏远地区的金融服务，提高金融服务的覆盖率、可得性、满意度，坚持政府引导和市场主导相结合，完善多层次、广覆盖的普惠金融机构和普惠金融产品体系，满足人民群众日益增长的金融需求，要让农民、小微企业、城镇低收入人群、贫困人群和残疾人、老年人等弱势群体及时获取价格合理、便捷安全的金融服务。还要通过"加强财政政策和货币政策协调配合"、完善宏观经济治理体系，提高货币政策的效力和效率，从而达到降低金融市场波动、促进金融市场资源有效配置、统筹金融发展和金融安全的目的。

结构上，要按照深化金融供给侧结构性改革的要求，优化融资结构和信贷结构，运用结构性货币政策精准滴灌，发挥差别存款准备金框架作用，建立健全商业银行增加小微企业贷款投放的长效机制。按照市场化原则，进一步深化小微企业金融服务供给侧结构性改革，用好定向降准、再贷款、再贴现、宏观审慎评估等工具和金融科技手段，推动完善贷款担保、尽职免责、不良核销、资本占用等配套机制，加大结构调整力度，增强金融机构内生动力，着力提升金融机构服务的意愿、能力和可持续性，对民营企业、小微企业、三农等经济薄弱领域提供精准普惠金融服务，助力稳市场主体、稳就业创业、稳经济增长。还要发挥中央银行宏观审慎评估工具的结构引导作用，对民营企业融资、小微企业融资、制造业中长期贷款和信用贷款进行专项考核，引导资金投向具有乘数效应的先进制造、民生建设、基础设施短板等领域。

3. 金融高质量发展要适配于经济高质量发展

党的十九大报告提出，我国经济已由高速增长阶段转向高质量发展阶段，必须坚持质量第一、效益优先，以供给侧结构性改革为主线，推动经济发展质量变革、效率变革、动力变革。党的二十大报告明确指出，"高质量发展是全面建设社会主义现代化国家的首要任务""要坚持以推动高质量发展为主题""着力推动高质量发展"。可以说，在新发展阶段，推动高质量发展是对经济社会政治生态文化各个方面的总要求。金融作为现代经济的核心和重要组成部分，毫无疑问，必须按照高质量发展的总体要求，扎实推进质的有效提升和量的合理增长。

一是要适配于技术创新这一经济增长动力引擎的要求。要重视适合渐进技术改良的间接融资，更要重视支持创新的股权融资，基于资本市场探索技术市场化定价模式，引导资金向优质的科技创新企业集聚，规范诸如知识产权抵押融资等根植于市场创新的金融机制，提高金融体系对航天、网络、交通、数字、智慧、智能等前沿引领创新项目的筛选效率，提升对中小企业创新的支持效率，提高科技成果转化率，推动以技术升级为主要依托的企业获得高质量发展。

二是要适配于提高全要素生产率的要求。中国金融发展要围绕提升全要素生产率这一目标，瞄准金融领域的断裂带，优化金融结构，增强风险防范和化解能力，扩大金融服务覆盖面，更广泛地动员及吸收社会资本，协同推进经济金融体系改革、金融监管体制改革、政府机构改革等，在全要素生产率的每一个关键节点进行针对性部署，构建齐头并进、相互支撑的全要素生产率提升基础。

三是要适配于可持续发展这一经济发展质量的要求。继续大力发展绿色金融，鼓励绿色信贷、绿色债券、碳金融、绿色保险、绿色指数等相关产品创新，建立统一的碳配额交易市场，吸引更多民营资本加入绿色贷款、绿色债券、绿色保险等融资行列，通过市场化的金融手段将生态环境影响的外部性内部化，支持和促进生态文明建设。

二、习近平总书记关于金融的重要论述具有鲜明的系统性

系统观念是习近平经济思想观察经济运行、分析经济现象、解决经济问题的重要方法论。金融发展是一项系统工程，需要全面联系发展地看问题，以全面系统的战略思维，统筹兼顾，系统谋划。正如习近平总书记所指出的，"注重推动各项改革相互促进、良性互动、协同配合""要坚持整体推进，加强不同时期、不同方面改革配套和衔接"。现代化国家建设过程中的中国金融发展，不仅要瞄准系统薄弱环节精准发力，而且需要深入研究金融体系各要素的关联性和各项举措的耦合性，使各项举措在政策取向上相互配合、在实施过程中相

互促进、在实施成效上相得益彰。

1. 金融高质量发展要着眼于完善现代金融体系

习近平总书记强调，要以金融体系结构调整优化为重点，优化融资结构和金融机构体系。"十四五"规划提出了建立现代金融体制的明确要求。中国金融发展要以建立规则统一、信息透明、具有深度和广度的多层次现代金融体系为突破口。这个现代金融体系的基本框架是，通过专门的，先进的（现代的），科学的体制、机制、制度、法律、技术等规范促进资金、资本与资产流动；这个现代金融体系应该具备的基本功能是，以金融市场为基础，进行支付清算、金融资源配置、信息传递、资产定价、风险转移与财富管理等；这个现代金融体系的基本要求是，规模适度、结构合理、治理有效、功能完善、先进科学、安全高效；这个现代金融体系应该具有的基本特征是，创新性、安全性、开放性（国际化）、政治性、普惠性（服务性和人民性）；这个现代金融体系应该满足的基本条件是，持续经营能力、资源配置能力、政策传导能力、资产定价能力、发展创新能力以及风险防控能力等。

这就要求，在融资结构上，逐步由目前的间接融资为主转向直接融资与间接融资并重，不断拓宽直接融资渠道，提高直接融资比重。要建设一个规范、透明、开放、有活力、有韧性的资本市场，有效发挥其市场融资、价格发现和资源配置功能，促进股票市场规范与创新，发展多元化股权融资，针对不同类型企业在不同阶段的融资需求，大力发展包括首次公开发行、二级市场融资、种子基金、天使基金、风险投资、私募股权基金等在内的多样化的股权融资方式。要丰富债券市场产品和层次，真正体现债券市场的融资定价功能。要大力发展长期机构投资者，培育一流投资银行和投资机构，切实放宽养老基金、保险基金、各类社会保障资金等机构投资者进入市场的门槛，使机构投资者成为市场的主导力量，从而不断提升资本市场的广度、深度、流动性、稳定性和韧性，使之真正成为国民经济运行的"晴雨表"。

2. 金融高质量发展要加强金融基础设施建设

强化金融基础设施建设，要求统筹规划金融基础设施布局，推动形成布局合理、治理有效、先进可靠、富有弹性的金融基础设施体系，加强金融基础设施的统筹监管和互联互通。在进一步完善金融交易平台、支付结算体系、金融会计统计审计制度、金融机构公司治理机制、有关资本配置和金融消费者投资者教育及权益保护等金融法律法规制度的同时，一是要构筑由市场供求决定的利率形成机制，更好地发挥资金价格在优化金融资源配置中的作用；二是要全面推动资本市场的基础制度完善与市场生态改善，完善证券公开发行注册程序，依法惩处证券违法犯罪行为，完善资本市场基础性制度，把好市场入口和市场出口两道关，完善退市制度，加强对交易的全程监管；三是要进一步加快信用基础设施建设及信用增进机制建设，提高金融业信息化水平，依托大数据、云计算、区块链以及人工智能等现代科技手段，稳步推进金融业关键信息基础设施国产化，推动形成完备、专业的征信体系，不断优化社会信用环境，切实减少信息不对称，降低实体经济征信及融资成本；四是要统筹规划金融业综合统计、反洗钱以及金融市场登记托管、清算结算支付等金融基础设施建设，推动境内外各类金融基础设施互联互通，构建适应金融双向开放的金融基础设施管理体系，保障金融制度、金融体系安全高效运行。

3. 金融高质量发展要注重防范化解系统性风险

习近平总书记反复强调，"防范化解金融风险特别是防止发生系统性金融风险，是金融工作的根本性任务""坚持把防控风险作为金融工作的永恒主题""要把主动防范化解系统性金融风险放在更加重要的位置"。

筑牢金融安全网，守住不发生系统性金融风险的底线，继续打好防范化解金融风险持久战，要做好以下五点。

一是要建立对系统性金融风险的早期预警和应急处置机制，切实做到"对存在的金融风险点，我们一定要胸中有数，增强风险防范意识，未雨绸缪，密切监测，准确预判，有效防范，不忽视一个风险，不放过一个隐患"。要梳理排查金融机构、企业（包括房地产企业）、地方政府和居民个人的风险承担能力，风险的错误定价，资产负债表内及表外头寸的过度增长，国际国内宏观经济发展失衡，集中风险及金融机构相互联结，国际资本流动等各风险节点的成因、机理、传染渠道及外部性，进一步完善金融安全预警体系，有效降低应对金融动荡的信息不对称程度，努力做到金融风险全覆盖，并针对不同类型突发事件可能产生的金融风险，在情景分析、压力测试基础上，设定触发门槛，提出处置预案。

二是要强化金融监管协同合作，"形成全国一盘棋的金融风险防控格局"。加强薄弱环节监管制度建设，严厉整治金融市场乱象，建立良好的金融秩序，主要包括：突出功能监管，对功能相似的金融产品要按照统一规则进行监管；统一资产管理业务的标准规制，强化实质性和穿透式监管；全面实施金融机构和业务的持牌经营，打击无照经营；规范产融结合，打击乱办金融和非法集资活动；强化影子银行监管，建立健全资产管理的统一监管框架，在表内业务与表外业务、管理中介与信用中介、投资范围与限制范围、风险防控等领域重点强化监管，减少监管漏洞和监管空白。

三是要进一步加强金融监管基础设施建设，继续完善全覆盖、穿透式金融监管体制，补齐监管制度短板，形成机构监管与功能监管、宏观审慎监管与微观审慎监管相结合的监管体系。坚持金融创新与风险管控并重、金融效率与金融稳定相平衡，提高金融监管的信息化水平、响应速度及与时俱进的监管能力。以保护消费者权益、有效防范风险为前提，加强金融创新产品的有效监管。要建立监管问责制，强化对监管的监管，解决金融领域特别是资本市场违法违规成本过低的问题。

四是要加强对金融网络中的核心节点、对金融体系和实体经济具有重大影响力的系统重要性金融机构的监管。促进系统重要性金融机构的规范经营和健康发展，提高其资本充足率、流动性覆盖率和资产质量，增强其抵御风险的能力。同时，要平衡好系统重要性金融机构与其他金融机构之间的关系，保持金融市场的公平竞争和有序发展。

五是要做好重点领域高风险机构的"精准拆弹"工作，处理好稳增长、调结构、防风险的关系，注意把握好处置风险的力度和节奏，坚决阻断风险跨市场、跨区域、跨行业的扩散和传染。标本兼治妥善化解地方政府隐性债务风险，积极防控房地产领域风险，进一步规范交叉性金融业务，有效化解中小金融机构风险。要注重统筹发展和安全，坚持在推动高质量发展中防范化解风险，既要防止过度追求金融自身发展而侵蚀金融安全基础，又要防止过度追求金融安全而形成对金融发展的抑制，以促进经济金融良性循环。

三、习近平总书记关于金融的重要论述具有鲜明的前瞻性

"风物长宜放眼量",现代化国家建设过程中的中国金融发展,要真正向前展望、超前思维、提前谋局,要密切关注国际国内经济金融形势的深刻变化,善于透过纷繁复杂的形势和明显增多的不确定性不稳定性,准确把握金融发展的基本脉络、客观规律和演进机理,未雨绸缪,科学预判,统筹眼前需要和长远谋划,创新和完善宏观调控,增强调控前瞻性、精准性、主动性和有效性。

1. 金融高质量发展要致力于不断推进金融改革开放

习近平总书记强调,"要通过扩大对外开放,提高我国金融资源配置效率和能力""要以制度型开放为重点推进金融高水平对外开放""增强开放政策的透明度、稳定性和可预期性""要守住开放条件下的金融安全底线"。在完善宏观审慎管理、加强金融监管、提高金融市场透明度的前提下,学习和借鉴全球金融改革开放进程中金融市场—金融机构—实体经济良性互动的成功经验,提高开放条件下经济金融管理能力和防控风险能力,稳步推进金融业改革开放,以改革促开放,以开放促发展。

一是要以宏观审慎为前提,全面实行准入前国民待遇加负面清单管理制度,扩大市场准入,健全商业性金融、开发性金融、政策性金融、合作性金融分工合理、相互补充的金融机构体系,使开放规则更加透明,开放步骤和效果更可预期。

二是要继续推动金融市场改革开放,在风险可控的前提下适度降低金融市场相关业务的准入门槛,继续拓宽资本市场的互联互通渠道,深化资本市场开放的深度和广度,加快金融衍生品和外汇市场的开放步伐,持续推进人民币资本项目的审慎开放,引入国外成熟专业

的金融服务产品和优质外资金融机构。

三是要"引进来"与"走出去"并重，充分尊重市场规律，推动金融双向开放，加强制度性、一揽子安排，强化存款保险基金管理机构的早期纠正和风险处置功能，构建适合我国国情的金融机构处置和破产制度，完善金融机构法制化市场化退出机制。通过金融资产、金融市场和金融机构的有序调整，形成优胜劣汰、正向激励的市场环境，减少低效、无效资金供给，提高资源配置效率。值得注意的是，为避免国际金融市场波动的过快传导和风险濡染，扩大金融业双向开放应以逐步完善的金融基础设施建设为前提。

2. 金融高质量发展要致力于不断完善全球金融治理

当今世界正经历百年未有之大变局：全球经济放缓叠加气候因素、环境因素以及重大外部突发冲击，极可能加剧局部地缘政治风险；全球金融监管改革虽然进展明显，但高杠杆、泡沫化等风险仍在积聚，货币政策负面外溢效应明显增强，金融市场反复动荡，跨境自由流动的可兑换数字货币的出现和发展，也必然要求各国央行及国际组织密切监管合作，完善全球金融治理迫在眉睫。

事实上，早在2008年全球金融危机爆发之时，习近平总书记就前瞻性地提出了完善全球金融经济治理的倡议和主张，他指出，"要稳步推进国际经济金融体系改革，完善全球治理机制""全球经济治理重点要共同构建公正高效的全球金融治理格局，维护世界经济稳定大局"。中国应更深、更广地参与完善全球金融治理并贡献中国智慧、中国方案。一是要继续致力于增强国际货币金融体系的稳定性和韧性，推动国际货币基金组织份额和治理结构改革，推动特别提款权金融工具市场化，充分发挥其在分散风险、降低货币汇兑波动性等方面的积极作用。二是要推进全球金融体系及金融监管改革，积极参与和影响全球金融治理规则及标准的制定与实施，促进国际金融监管向相对集中统一、公开透明、务实高效的方向发展。三是要加强国际金融监管协作，加强信息交换、政策的相互协调、危机管理和联合行动，有效应对金融危机的相互关联与相互传染，共同维护地区及全球金融稳定。

3. 金融高质量发展要致力于不断提高逆周期调控水平

要加强宏观审慎监管和精准有力实施宏观调控，加强逆周期调节和政策储备，为高质量发展营造良好的经济金融环境，必须前瞻经济形势变化，加强形势预判，科学稳健把握逆周期调节力度，将改革和调控、短期和长期、内部均衡和外部均衡结合起来，实现"逆周期调节"的常态化、系统化和规律化。

一是要以与国内生产总值名义增速基本匹配为着力点，创新逆周期调节政策工具，主动积极"逆风而行"——在经济上行周期，扼制过度信贷扩张、过度风险承担及经济上行时期经济失衡累积，增强金融体系应对未来潜在危机的弹性；在经济下行周期，要保持流动性合理适度，积极发挥开发性金融和投资的"压舱石"和"稳定器"作用，通过乘数效应避免经济失速下滑。

二是要进一步完善逆周期调节的监测体系，加强预期管理，保持稳健和积极有效的社会沟通，建立稳定的发展预期，根据经济增长和价格形势变化及时适时预调微调，防止金融资产负债超调。

三是要推动构建涵盖宏观审慎管理政策、货币政策、财政政策以及结构性改革政策的宏观金融稳定框架，强化财政政策、货币政策的逆周期调节作用，密切监测和应对金融体系的潜在风险和脆弱性，着力平滑金融体系的顺周期波动，熨平经济周期，以高质量的金融发展推动高质量的经济增长。

习近平总书记关于金融的系列重要论述，具有重大的理论价值和实践意义。习近平总书记提出并深刻阐释了有关金融的一系列重大理论和实践问题，深化了对金融本质、特点、规律的认识，澄清和消除了一个时期以来存在的有些人将金融等同于投机、等同于泡沫、等同于风险，甚至等同于危机等模糊观念和错误认识，为做好新时代金融发展稳定工作、推动金融高质量发展奠定了坚实的理论基础，提供了有力的思想支撑和实践指导。

当前，世界面临前所未有之大变局。在全球经济下行压力加大、社会矛盾加剧、各种风险凸显的背景下，世界各国金融发展面临着许多相似的难题，比如，如何妥善处理好金融与经济的关系、如何有效防范和化解金融风险、如何最大限度地解决中小企业融资难问题、如何处理好国内金融发展与金融对外开放的关系等等。习近平总书记关于金融的重要论述，为世界各国尤其是广大的发展中国家解决金融难题、充分发挥金融促进经济发展的作用贡献了中国方案、中国智慧。

新时代新征程，必须认真学习习近平总书记关于金融的重要论述，在深刻理解、准确把握其丰富内涵、精髓要义和实践要求上下更大功夫，推进我国金融高质量发展，为建设中国特色社会主义现代化金融强国而努力奋斗。

第一章

金融高质量发展与中国式现代化

党的二十大开启了全面建设社会主义现代化国家的新征程，对以中国式现代化全面推进中华民族伟大复兴作出了全面擘画。实现中国式现代化，必须坚持以经济建设为中心。[1] 习近平总书记指出，"金融是现代经济的核心，关系发展和安全"[2]。在全球金融资本加速渗透政治经济领域、虚拟经济快速发展冲击资金配置机制的背景下，金融体系如何有效应对资本高速流动与扩张对经济社会结构的冲击，是具有世界历史意义的实践。实践生成于特定的历史、社会、经济与政治的情境与视域。中国金融问题长期以来被放在西方理论——中国经验的二元关系中加以探讨，且基于欧美故事的"主流金融学"的解释力正在逐渐减弱。[3] 深刻理解和厘清金融高质量发展与中国式现代化的关系，

---

1. 张占斌、王海燕，等．关于中国式现代化道路的答问［M］．北京：国家行政学院出版社，2022：73．
2. 习近平主持召开中央财经委员会第十次会议强调　在高质量发展中促进共同富裕 统筹做好重大金融风险防范化解工作［N］．人民日报，2021-08-18（1）．
3. 典型例子是艾伦-盖乐悖论和米什金关于"中国是金融发展重要性的反例吗"的疑问。参见：张杰．金融学在中国的发展：基于本土化批判吸收的西学东渐［J］．经济研究，2020，55（11）：4-18．

对在此基础之上的中国式现代化进行经验提炼与理论抽象，能够为丰富和发展人类探索现代化作出一般性贡献[1]，这就使得立足于金融学话语体系，刻画中国式现代化的形成逻辑和理论内涵具有极为重要的研究意义。

中国式现代化是人口规模巨大、全体人民共同富裕、物质文明与精神文明相协调、人与自然和谐共生、走和平发展道路的现代化，面对前进道路上不平衡不充分的结构性挑战以及百年变局下逆全球化浪潮和民粹主义兴起、全球主要经济体增长陷入长期停滞带来的巨大外部压力，叠加地缘政治博弈中金融工具日益"武器化"，以及中国金融体系因微观机制和融资渠道的缺陷所致的金融资源错配[2]，中国金融改革如何不断提升金融服务实体经济能力、促进高质量发展，为中国式现代化提供不竭的动力源泉，并筑牢金融安全屏障？中国进行了怎样的金融制度和策略设计，确保经济在高速增长的同时实现了基本金融稳定和安全？这些问题在一定程度上反映了中国式现代化的独特内涵，对这些问题的回答，在一定程度上解释了中国式现代化的形成逻辑。基于此，从金融视角，通过金融高质量发展来推进中国式现代化，可以为新发展阶段乃至更长远的将来继续推进中国式现代化提供借鉴和启示。

---

1. 吕炜，靳继东.从财政视角看中国式现代化道路［J］.中国社会科学，2022（11）：165-184.
2. 黄益平，王勋.读懂中国金融：金融改革的经济学分析［M］.北京：人民日报出版社，2022.

第一节

实现高质量发展是中国式现代化的本质要求

党的二十大报告指出,高质量发展是全面建设社会主义现代化国家的首要任务,实现高质量发展是中国式现代化的本质要求。2023年12月召开的中央经济工作会议强调,必须把坚持高质量发展作为新时代的硬道理,要着力推动高质量发展。这是在深入分析新时代我国发展面临的机遇与挑战、全面认识和把握我国现代化建设的重要性和紧迫性以及各国现代化建设一般规律的基础上,作出的具有全局性、前瞻性和战略性意义的重大判断,既明确和强调了高质量发展在推进中国式现代化中的重要地位和作用,也为进一步推进高质量发展提供了根本遵循和方向指引。新时代新征程,必须更加重视和注重推动高质量发展,把推动高质量发展贯彻到经济社会发展的全过程各领域各方面。

党的十九届六中全会通过的《中共中央关于党的百年奋斗重大成就和历史经验的决议》强调,必须实现创新成为第一动力、协调成为内生特点、绿色成为普遍形态、开放成为必由之路、共享成为根本目的的高质量发展,对高质量发展提出了更加全面、更加明确、更加具体的要求。在经济、社会、文化、生态文明等各个方面及其各个环节推动高质量发展，是全面贯彻落实习近平新时代中国特色社会主义思想的具体体现，是推进中国式现代化、全面建设社会主义现代化国家的内在要求，是实现为中国人民谋幸福、为中华民族谋复兴的根本路径，是一场关系经济社会发展全局的深刻变革，必须积极主动务实地做好高质量发展这篇大文章。

当前，在推进高质量发展过程中还面临一些困难和挑战，包括有效需求不足、部分行业产能过剩、社会预期偏弱、风险隐患仍然较多，国内大循环存在堵点，外部环境的复杂性、严峻性、不确定性上升等等。面对这些难题，只有用"硬道理"的理性思维、清醒认识和责任担当自觉推动高质量发展，切实解决好发展质的问题，并且在质的大幅提升中实现发展量的持续增长，才能推动我国经济从外延粗放式扩张上升为内涵集约式发展，才能为推进中国式现代化、全面建成社会主义现代化强国奠定坚实的物质技术基础。高质量发展事关我国社会主义现代化建设全局，在国内外环境日趋严峻复杂、我国社会主要矛盾发生深刻变化的背景下，新时代新征程、新的使命任务和新的发展环境，对高质量发展提出了更高、更为紧迫的要求，必须把高质量发展摆在更为突出更加重要的位置，必须着力提升发展水平、发展质量和发展效益。

一、不断推进国家治理体系和治理能力现代化

中国特色社会主义制度是党和人民在长期实践探索中形成的科学制度体系，国家治理体系和治理能力是中国特色社会主义制度及其执行能力的集中体现。治理体系现代化是一种包括政府、市场和社会

公众等多元主体通过协商、对话和互动,达成管理日常事务、调控资源、履行权利的行动共识以缓解冲突或整合利益、实现公共目标、满足人民生活需要的结构、过程、关系、程序和规则的体系性活动。[1]在我国,国家治理是在中国共产党领导下,以人民根本利益和民族复兴为根本目标,以行政、立法、司法等公共权力机构为主体,充分发挥多种社会团体和阶层的积极作用,相机选择和综合运用政治、行政、法律和市场等多重手段,从而形成能够有效回应社会公共需求的制度体系、能力和过程。[2]从满足高质量发展和推进中国式现代化的内在需要来看,推进国家治理体系和治理能力现代化包括以下几个方面。

一是坚持全面依法治国。针对一度存在的有法不依、执法不严、司法不公、违法不究等问题,党的十八届四中全会和中央全面依法治国工作会议专题研究全面依法治国问题,统筹推进法律规范体系、法治实施体系、法治监督体系、法治保障体系和党内法规体系建设;强调全面依法治国是中国特色社会主义的本质要求和重要保障,是国家治理的一场深刻革命。因此,在新的历史阶段,仍然需要进一步健全中国特色社会主义基本制度,完善保护产权、维护契约、交换平等、竞争公平、监管有效的市场机制,规范社会主义市场经济中各经济主体的行为,激励企业扎实做好技术创新、提高供给质量、降低经济成本、增强竞争力。

二是推进宏观经济治理体系建设。宏观经济治理是国家治理体系的重要构成。在我国,政府主要承担经济调节、市场监管、社会管

---

1. 陈进华. 治理体系现代化的国家逻辑 [J]. 中国社会科学,2019(5):23-39.
2. 吕炜,靳继东. 始终服从和服务于社会主义现代化强国建设——新中国财政70年发展的历史逻辑、实践逻辑与理论逻辑 [J]. 管理世界,2019,35(9):1-15.

理、公共服务和生态环境保护等职能。[1]《中华人民共和国国民经济和社会发展第十四个五年规划和 2035 年远景目标纲要》明确提出了宏观经济治理体系建设的目标和任务。在新的历史阶段，推进宏观经济治理体系建设，还需要进一步提高国家发展规划战略的科学性，优化宏观经济治理体系的目标、加强合理分工、提高协同效率，做好宏观经济政策的跨周期设计和逆周期调节，提升财政政策与货币政策调控经济的精准性及二者的协调性，加强就业、产业、环保、区域等政策的紧密配合程度，进而在顶层设计层面保障高质量发展和现代化进程。

三是努力探索高质量发展的规律和模式，不断丰富新时代中国特色社会主义经济理论。习近平新时代中国特色社会主义思想实现了马克思主义中国化新的飞跃，是中华文化和中国精神的时代精华。高质量发展是我们党把握发展规律从实践认识到再实践再认识的重大理论创新；推动高质量发展的重要论述，是习近平新时代中国特色社会主义经济思想的重要组成部分，是马克思主义政治经济学的最新成果。[2] 在倍加珍惜、长期坚持的同时，还要在新时代实践中不断丰富和发展，总结好中国的经济理论，讲好中国的故事，进而到实践中去，指导经济更高质量、更有利于提高人民福祉的发展，不断为人类文明进步贡献智慧和力量。

二、着力构建新发展格局

一个时期以来，我国面临的发展质量不高问题，是人民日益增长

---

1. 江小涓.创新管理方式完善宏观经济治理体制［N］.经济日报，2020-06-02（8）.
2. 刘鹤.必须实现高质量发展［N］.人民日报，2021-11-24（6）.

的美好生活需要和不平衡不充分的发展之间的矛盾的根本原因。构建平衡、协调、充分的新发展格局，是解决这一主要矛盾的有效途径。

一是着力构建国内大循环为主体、国内国际双循环相互促进的新发展格局。中国共产党领导人民进行伟大奋斗积累了宝贵经验，独立自主是中华民族精神之魂，是经济建设和经济工作的重要原则。构建"双循环"新发展格局，必须做好国内实体经济、产业、金融、贸易等以及相互之间的大循环，努力推进国内经济的可持续发展；同时，坚持并不断扩大对外开放，促进国内国际双循环。

二是推进公有制经济与非公有制经济协调发展。要加快建立中国特色的现代企业制度，巩固和发展公有制经济，鼓励、支持、引导非公有制经济发展。通过鼓励创新和充分发挥市场机制的作用，激励企业进行技术创新，优胜劣汰；支持有核心技术并不断引领创新的国有企业做强、做优、做大，从而增强国有经济竞争力、创新力、控制力、影响力、抗风险能力；构建亲清政商关系，促进有核心技术并不断结合社会需求进行高质量创新的非公有制经济健康成长。通过促进两类经济的协调发展，加快发展现代产业体系，激励两类企业自主创新，进而加快创新型国家建设，提升供给质量，不断提升人民福祉。

三是促进城乡协调发展。要健全党组织领导的自治、法治、德治相结合的城乡基层治理体系，推动社会治理重心向基层下移，建设共建共治共享的社会治理制度，建设人人有责、人人尽责、人人享有的社会治理共同体；推进义务教育均衡发展和城乡一体化，促进城乡教育公平和提高城乡教育质量；引导医疗卫生工作重心下移、资源下沉，健全遍及城乡的公共卫生服务体系；加快建立多主体供给、多渠道保障、租购并举的住房制度，进一步改善城乡居民住房条件。

四是促进区域平衡协调充分发展。实施区域协调发展战略，促进京津冀协同发展、长江经济带发展、粤港澳大湾区建设、长三角一体化发展、黄河流域生态保护和高质量发展，推动西部大开发形成新格局，推动东北振兴取得新突破，推动中部地区高质量发展，鼓励东部地区加快推进现代化，支持革命老区、民族地区、边疆地区、贫困地区改善生产生活条件。通过区域协调发展和区域内城乡协调发展，实现共同富裕。

五是促进实体经济、实体产业与金融体系平衡协调充分发展。在现代经济金融体系下，必须促进产业资本与金融资本的数量均衡、结构均衡、融合发展；提升金融体系对高质量项目的筛选能力、风险管理能力、抗击风险的韧性，从而更准确、更高效地服务于高质量经济发展；同时，要强化对涉及政策性支持、制度性扶持的实体企业规范经营的监测，避免其利用便利的金融资源"脱实向虚"；在健全金融风险防范法律法规、提高公众投资者风险意识和金融知识水平的基础上，发展多元化多层次的金融市场，为企业生产投资和研发投资方面的资金需求提供更多的融资渠道，发挥商业银行和市场各自的风险管理优势。

三、全面实施供给侧结构性改革

实施供给侧结构性改革是经济发展的主线，可以为推进质量变革、效率变革、动力变革提供制度支撑，有助于持续优化经济结构、不断提高供给体系质量，为我国社会生产力跃升到更高水平打下坚实基础。

实施供给侧结构性改革，一个十分重要的方面，就是要坚持创新在我国现代化建设全局中的核心地位。科技创新对中国来说不仅是发展问题，更是生存问题。实现科技创新，需要根据我国的基本国情和社会有效需求，不断提高产品、服务、创新质量。一是在企业、科研机构、高等院校层面建立科技创新激励机制、经费管理机制、评价机制，切实落实"揭榜挂帅"、科研经费"包干制"等机制。[1] 二是财政要根据企业创新技术水平和研发投资行为，有重点地增加对创新密度较大企业的技术创新投资支出，提高创新速度和技术水平；同时，根据企业创新行为、技术投资率水平和阶段性创新成果进行阶段性扶助，减少创新前期投入、加大创新项目质量验收力度和研发成功后的激励。三是深化金融供给侧结构性改革，提高金融体系服务实体经济的能力和水平，促进实体经济与金融协调发展，实现"科技—产业—金融"的高水平循环。四是坚持"建制度、不干预、零容忍"的方针，打造规范、透明、开放、有活力、有韧性的资本市场，使之成为推动科技创新和实体经济转型升级的枢纽。五是适应数字化趋势，发展数字经济，推动传统产业技术改造，发展战略性新兴产业。

从供给侧结构性改革的角度，发展绿色经济、推进绿色低碳转型是经济高质量持续发展的必然形式和普遍形态，是一场广泛而深刻的经济社会系统性变革。稳步推进绿色经济转型，一是要完善绿色低碳政策和市场体系，充分发挥市场机制激励约束作用。二是要有序落实碳达峰碳中和举措，加强全国统筹，完善能耗控制机制，通过市场竞争淘汰落后产能。三是推动绿色低碳技术取得重大突破，在科学考察和严密论证的基础上，加速新能源产业发展，加快形成节约资源和保

---

1. 刘鹤.必须实现高质量发展[N].人民日报，2021-11-24（6）.

护环境的产业结构、生产方式、生活方式、空间格局。四是加大对环境与气候治理研发的支持，对存量性环保生产问题进行化解，有序推进绿色发展、循环发展、低碳发展。五是深度参与全球环境与气候治理，引导应对气候变化国际合作。

四、坚持高质量发展和高水平安全良性互动

统筹发展和安全是以习近平同志为核心的党中央立足于我国发展所处的新阶段、国家安全面临的新形势作出的重大战略选择，是立足于统筹中华民族伟大复兴战略全局和世界百年未有之大变局的重要支点、重要方略和重大原则，是实现高质量发展、贯彻总体国家安全观、推进中国式现代化的必然要求。党的十九届五中全会首次将统筹发展和安全纳入"十四五"期间我国经济社会发展指导思想，提出"把安全发展贯穿国家发展各领域和全过程"。2020年12月11日，习近平总书记在主持中央政治局第二十六次集体学习时进一步强调，"坚持统筹发展和安全，坚持发展和安全并重，实现高质量发展和高水平安全的良性互动"。2023年12月召开的中央经济工作会议再次强调，必须坚持高质量发展和高水平安全良性互动，以高质量发展促进高水平安全，以高水平安全保障高质量发展，发展和安全要动态平衡、相得益彰。新时代新征程，必须准确把握发展和安全的辩证统一关系，把发展作为安全的基础和保障，把安全作为发展的条件和前提，使二者相互支持、相互促进。

发展和安全是经济社会运行的一体两面，相辅相成，密不可分。统筹发展和安全，要坚持以发展促安全、以安全保发展。历史反复证明，没有发展作为保障的安全，一定是难以长久的；没有安全作为前提的发展，也必然不可持续。发展是解决全部问题的基础和关键，在新时代的伟大征程上，破解突出矛盾和问题，防范化解各类风险隐患，归根到底要靠发展，只有推动持续健康有序发展，才能筑牢安全的物质基础。

当前和未来一个时期，安全发展仍然会遇到可预见的和不可预见的风险和挑战。在过去经济高速增长阶段中累积的各种矛盾和风险已成为通往高质量发展道路上亟待破解的难题。在外部环境的复杂性、严峻性、不确定性上升的同时，需要持续有效防范化解国内重点领域（如房地产、地方债务、中小金融机构等）风险，守住不发生系统性风险的底线。

要有序推进中国式现代化，把我国建设成为社会主义现代化强国，就必须在发展和安全的动态平衡中把握和实现高质量发展。新时代新征程，更高质量、更有效率、更加公平、更可持续、更为安全的发展，质量、结构、规模、速度、效益、安全相统一的发展，统一性、均衡性、包容性、可持续性相协调的发展，仍然是推进中国式现代化、建设社会主义现代化国家、实现第二个百年奋斗目标，必须牢牢把握、长期坚持的根本要求，是新时代的"硬道理"。

第二节

金融高质量发展是高质量发展的重要一环

高质量发展是一个整体、全面、系统的概念，是一个全方位的要求，包括各个领域各个方面各个部分各个环节，金融作为现代经济的核心，当然也包括在其中，自然也需要高质量发展。

习近平总书记对金融高质量发展高度重视。2019年2月22日，在主持中共中央政治局第十三次集体学习时，习近平总书记强调，"我国金融业的市场结构、经营理念、创新能力、服务水平还不适应经济高质量发展的要求，诸多矛盾和问题仍然突出。我们要抓住完善金融服务、防范金融风险这个重点，推动金融业高质量发展"。从经济高质量发展的角度，阐述了金融高质量发展的必要性。2023年10月30日至31日，习近平总书记出席中央金融工作会议并发表重要讲话，在分析金融高质量发展面临的形势的基础上，再次强调要以推进金融高质量发展为主题来做好金融工作，彰显了金融高质量发展的极端重要性。

习近平总书记关于金融高质量发展的重要论述，内涵丰富，思想深邃，还需要深入学习深刻领会。至目前，学术界对金融高质量发展，已经展开了较为深入和全面的探讨。

关于金融高质量发展的内涵，一种观点强调金融和实体经济之间的相互关系，即金融高质量发展就是要加强金融服务实体经济能力，促进经济和金融良性循环健康发展。有学者将金融发展能力界定为：金融体系通过规模扩张、结构优化和效率改善，充分发挥资金融通、资源配置和风险防范等功能有效服务和支持实体经济的水平，以及根据实体经济需求变化进行动态调整的能力。[1]

在此基础上，有学者提出，金融高质量发展是指金融行业在保持稳健发展的基础上，通过提高金融业务和金融服务的质量和效率，促进经济社会的发展，进而推动现代化进程。他们认为，要实现金融高质量发展，必须加强金融体系建设、完善金融服务体系、促进金融开放和创新、完善金融法治建设、加强金融人才培养、加强金融监管等方面的工作。[2]

也有学者认为，金融高质量发展的定位、目标、功能、内容和机制，即"健全具有高度适应性、竞争力、普惠性的现代金融体系"，以"促进宏观经济稳定、支持实体经济发展"，金融高质量发展就是要紧扣实体经济高质量发展的内在要求，充分发挥金融的各项功能，提高金融与经济的契合程度。[3]

另一种观点强调金融体系自身的发展状况，即金融高质量发展就是要以质量和效益替代规模和增速，加快转变金融发展方式，从而

---

1. 黄凌云，邹博宇，张宽. 中国金融发展质量的测度及时空演变特征研究［J］. 数量经济技术经济研究，2021，38（12）：85-104.
2. 苏剑，刘伟. 现代化与金融高质量发展［J］. 国际金融研究，2023（6）：3-12.
3. 王国刚. 中国金融高质量发展之要义［J］. 国际金融研究，2023（5）：3-10.

着力破解发展不平衡不充分的问题。[1] 高质量的金融发展体现为一个国家或地区金融创新能力的增强、金融风险水平的降低、金融协调度的提高、金融排斥程度的下降、金融效率的提升和金融持续发展能力的增强等方面。[2] 因此，金融规模、金融效率、金融结构和资产质量（金融风险）是度量金融发展水平的重要维度。[3] 金融高质量发展主要实现四个方面的目标：一是金融行业和实体经济的发展增速要匹配，实现规模增长和质量提升相统一；二是要保持金融结构合理配置，提高直接融资比例，实现金融结构发展平衡；三是要确保稳增长和稳杠杆的平衡，优化杠杆率结构；四是要提高金融中介的运行效率和服务质量，降低金融中介的运行成本。[4]

还有一种观点强调，推进金融高质量发展就是要坚持目标导向和问题导向相结合的科学工作方法，加快建设金融强国和中国特色现代金融体系。[5] 从目标导向维度看，金融高质量发展就是要为全面建设社会主义现代化国家这个中心任务和高质量发展这个首要任务提供强有力支撑。从问题导向维度看，金融高质量发展就是要抓牢深化金融供给侧结构性改革这条主线，满足经济社会发展和人民群众日益增长的金融需求。从具体工作任务来看，实现金融高质量发展就是要着

---

1. 钟华星.我国金融高质量发展的现状及对策——基于国际比较的研究[J].西南金融，2021（2）.
2. 廉保华，高磊，朱丽丽，等.商业银行高质量发展评价体系构建与应用研究[J].金融监管研究，2018（12）.
3. 李俊玲，戴朝忠，吕斌，等.新时代背景下金融高质量发展的内涵与评价——基于省际面板数据的实证研究[J].金融监管研究，2019（1）.
4. 钟华星.我国金融高质量发展的现状及对策——基于国际比较的研究[J].西南金融，2021（2）.
5. 王昌林，李扬，吴晓求，等.推动金融高质量发展　加快建设金融强国——学习贯彻中央金融工作会议精神专家笔谈[J].金融评论，2023（6）.

力营造良好的货币金融环境、着力打造现代金融机构和市场体系、着力推进金融高水平开放、全面加强金融监管和有效防范化解金融风险、加强党中央对金融工作的集中统一领导。

新时代新征程，推动金融高质量发展十分必要。

第一，推动金融高质量发展和引导资源配置转型是构建新发展格局的必要条件。中国金融转向高质量发展是实现经济高质量发展、强化金融服务实体经济功能的必然要求，也是解决金融领域内部发展不平衡、不充分问题的路径。[1]

第二，推动金融高质量发展是推动新实体经济形态进一步发展的必然要求。[2]新实体经济包括由数字技术和数据要素自身产业化生成的产品与服务，由传统产业数字化转型后形成的产品与服务，基于数实融合催生的新产业、新业态和新模式。金融部门在传统实体经济中发挥的基本性中介职能与经纪职能已然无法适配新的经济形态，需要通过系统性地创新、升级、扩充、厘正对新实体经济的作用机制，以新创的服务模式、高能的服务效率、普适的服务成本、多元的服务业态高质量服务新实体经济。

第三，推动金融高质量发展是防控系统性金融风险的现实需要。[3]一是中国面临着新旧增长动能转换、地方政府平台债务违约风险增加和大型房地产企业债务风险不断暴露的重大现实挑战。推动金融高质

---

1. 高培勇，李扬，蔡昉，等.深化经济与金融改革　推进中国式现代化——学习贯彻党的二十大精神专家笔谈［J］.金融评论，2022（6）.
2. 司聪，任保平.金融高质量服务新实体经济的逻辑、机制与路径［J］.新疆社会科学，2024（1）.
3. 周立，张永霞.金融强国重要论述的逻辑框架、时代内涵及价值意蕴［J］.金融经济学研究，2024（1）.

量发展必须健全符合当前系统性金融风险动态调整的监管体系架构，进一步明晰监督管理部门职能与风险预防处置责任。二是贸易保护主义抬头和全球局部战争等因素导致国内外汇率风险高企。推动金融高质量发展必须完善符合中国国情且与国际投融资规则接轨的外汇管理制度，健全国际投融资风险监管架构，对国内外金融风险活动进行动态监管。三是互联网金融业务快速发展。推动金融高质量发展必须依法将各类金融创新活动纳入监管范畴，切实保护金融投资者行为和消费者合法权益。

从具体要求来看，实现金融高质量发展，一是要始终坚持和加强党中央的集中统一领导，将党的集中统一领导嵌入金融宏观调控机制。[1] 二是要强化金融服务实体经济的能力。要深化金融体制改革，通过制度创新减少金融摩擦、降低交易成本。[2] 要回归金融为实体经济服务的本源宗旨，为实体经济提供高效、高质量的服务，这是金融高质量发展的一个重要内在本质要求。[3] 三是要协调好金融发展和金融安全的关系。要强化金融自主化建设，就是我国的金融发展要牢牢掌握发展的自主权，把握发展的节奏，这是保障金融安全的重要前提。[4]

要构建与金融高水平开放要求相适应的监管体系，在确保国家金融和经济安全的前提下，稳步扩大金融领域制度型开放，提升跨境

---

1. 周立，张永霞. 金融强国重要论述的逻辑框架、时代内涵及价值意蕴［J］. 金融经济学研究，2024（1）.
2. 高培勇，李扬，蔡昉，等. 深化经济与金融改革　推进中国式现代化——学习贯彻党的二十大精神专家笔谈［J］. 金融评论，2022（6）.
3. 朱孟楠. 推动金融高质量发展，助力金融强国建设［J］. 经济学家，2023（12）.
4. 同上。

投融资便利化，以良性竞争促进金融产品体系优化及金融服务质量提升。[1] 要通过"一带一路"共建引领金融开放新格局，稳慎扎实推进人民币国际化，完善跨境金融基础设施，把保障海外资产安全和防控国际金融风险放在关键位置，建立国内金融体系前端风险隔离墙和防火墙。[2]

推进金融高质量发展的具体路径，一是要进一步完善汇率、利率和国债收益率形成机制，为资源配置转型提供有效信号。[3] 二是要加快资本市场的制度改革、功能转型和对外开放，建设一个透明可期、有良好成长性、国际化的强大资本市场，增加金融体系的财富管理或风险管理能力。[4] 三是要打造现代金融机构体系，完善金融机构差异化定位，疏通资金进入实体经济的渠道。[5] 四是要提升科技金融关键技术的研发能力，充分利用数字科技和数字媒介将金融产品与服务动态嵌入新实体经济的各种场景，完善科技金融生态系统的治理机制，打造科技金融生态系统，使科技创新链与金融资金链有机结合，以金融实践创新更好地服务经济社会发展的金融需求。[6,7] 五是着力建设新型金融基础设施，强化信息通信类、运算处理类、数据管理类金

---

1. 刘锡良．深化金融供给侧改革，促进金融高质量发展［J］．经济学家，2023（12）．
2. 周立，张永霞．金融强国重要论述的逻辑框架、时代内涵及价值意蕴［J］．金融经济学研究，2024（1）．
3. 高培勇，李扬，蔡昉，等．深化经济与金融改革 推进中国式现代化——学习贯彻党的二十大精神专家笔谈［J］．金融评论，2022（6）．
4. 王昌林，李扬，吴晓求，等．推动金融高质量发展 加快建设金融强国——学习贯彻中央金融工作会议精神专家笔谈［J］．金融评论，2023（6）．
5. 刘锡良．深化金融供给侧改革，促进金融高质量发展［J］．经济学家，2023（12）．
6. 司聪，任保平．金融高质量服务新实体经济的逻辑、机制与路径［J］．新疆社会科学，2024（1）．
7. 刘典．金融－科技－产业："金融强国"战略的三元结构和历史演进［J］．金融经济学研究，2024（1）．

融基础设施建设，搭设金融服务新实体经济的基础平台[1]；加强对无形金融基础设施建设，即金融运行的制度安排，主要包括支付体系、法律环境、公司治理、会计准则、信用环境、反洗钱以及由金融监管、信息服务、中央银行最后贷款人职能、投资者保护制度组成的金融安全网等。[2]六是高质量建设面向居民家庭的普惠金融体系，满足经济社会发展和人民群众日益增长的金融需求。[3]

除了这些观点，对金融高质量发展的认识和理解，还应该更多地着眼于金融的基本功能和根本宗旨，即金融的服务性。也就是，金融高质量发展意味着高质量的金融服务供给，意味着金融为经济社会发展提供更有效率、更为安全、更可持续、更加便捷的服务。

---

1. 司聪，任保平.金融高质量服务新实体经济的逻辑、机制与路径［J］.新疆社会科学，2024（1）.
2. 高培勇，李扬，蔡昉，等.深化经济与金融改革　推进中国式现代化——学习贯彻党的二十大精神专家笔谈［J］.金融评论，2022（6）.
3. 王昌林，李扬，吴晓求，等.推动金融高质量发展　加快建设金融强国——学习贯彻中央金融工作会议精神专家笔谈［J］.金融评论，2023（6）.

第三节

中国式现代化的丰富内涵与
金融高质量发展的重要使命

中国式现代化，是中国共产党领导的社会主义现代化，人口规模巨大、全体人民共同富裕、物质文明与精神文明相协调、人与自然和谐共生、走和平发展道路，构成了中国式现代化这一多面体，各占一面却又相互连接，是中国式现代化大厦不可或缺的构成元素，金融高质量发展则是混凝土增强剂，渗透并活跃在每一面，支撑并见证中国式现代化大厦的巍然耸立。

一、人口规模巨大

中国式现代化是人口规模巨大的现代化，艰巨性和复杂性前所未有。从人口数量看，截至2021年，中国人口数量已达14.4亿，约占世界总人口的18%，是目前世界上已经实现现代化的国家和地区人口总和的1.5倍以上。如果巨大规模人口整体迈向现代化，其难度之大史无前例。从人口结构看，第七次全国人口普查数据显示，我国60岁及以上人口占比为18.7%，育龄妇女总和生育率仅为1.3，这意味着我国老龄人口规模之大前所未有。而我国养老金融的产品供给、渗透率、覆盖面较美、英、日等发达国家还存在不小的差距。不仅如此，研究表明，人口规模对 GDP 增长具有显著的负效应；库兹涅茨则指出，大国"往往允许陈旧的结构和过时的产业存活下来"。[1]

同时，人口规模巨大意味着巨大的经济规模，新兴产业的成长和内需释放存在巨大空间。巨大的人口规模可以帮助中国突破亚当·斯密提出的"分工受市场广度的制约"，分工细化有助于提高劳动者的报酬，后者导致消费扩张、刺激市场广度，诱致劳动力分工进一步细化，从而缓解分工细化和规模经济之间的矛盾，加速形成报酬递增的分工效应，并以巨量需求吸引全球优质要素资源。而为了改善交易和信息成本，金融系统有一个主要功能：在不确定的环境中促进资源的跨时空分配[2]，这意味着金融高质量发展能够极大地提升人类减少生存风险和跨期配置资源以促进增长的能力，有助于有效应对转型期经济结构调整带来的种种挑战，而金融作为产业增长与产业结构转型的"催化剂"，更可助推产业体系现代化，为全面建成社会主义现代化强国夯实物质技术基础。

二、全体人民共同富裕

改革开放以来，中国经历了"从几乎没有个人财富到个人财产的高速积累与显著分化"[3]，尽管党中央逐步把实现共同富裕摆在更加重

---

1. 奥尔法·阿卢伊尼.国家规模、增长和货币联盟[M].汤凌霄，陈彬，欧阳峣，欧阳曜亚，译.上海：格致出版社，上海人民出版社，2020：3，5.
2. Merton, R. C. and Bodie, Z., A Conceptual Framework for Analyzing the Financial Environment[M]//*The Global Financial System: A Functional Perspective*, edited by Dwight B. Crane et al. Boston: Harvard Business Review Press, 1995, pp.12.
3. 赵人伟.经济转型和民生[M].北京：商务印书馆，2021.

要的位置，但总体而言，中国收入与财富分配差距仍然较大[1]，需要金融发挥重要作用。

一方面，金融能够促进经济高质量发展、夯实共同富裕的物质基础。共同富裕的基础是经济增长，充满活力的金融市场可以促进经济增长[2]，而金融组织对国家引导经济发展的能力有直接影响[3]。具体而言，金融促进共同富裕，主要体现在使金融回归本源，服从服务于经济社会发展、提高城乡区域发展的平衡性、强化行业发展的协调性等方面。

另一方面，金融对于防止两极分化不可或缺。在收入不平等方面，研究表明，金融市场的发达程度与收入不平等程度显著负相关[4,5]，随着金融发展程度的提高，由于信贷可得性的增加使得更多家庭可以基于支出的合理安排做出选择，收入不平等程度将趋于下降。[6] 在财富不平等方面，差别准入造成的信贷获取能力差异使某些群体的财富增值凌驾于其他群体。正如皮凯蒂在《21世纪资本论》

---

1. 国家统计局数据显示，中国收入分配基尼系数2019年为0.465，高于0.4的国际警戒线。根据世界不平等数据库（World Inequality Database）的估算，2021年，中国前10%人群获得了43.4%的收入。来源：https://wid.world/country/china/。
2. Levine, R. and Zervos, S., Stock Markets, Banks, and Economic Growth[J]. *American Economic Review*, 1998, vol.88, pp.537-554.
3. Lenin, V.I., *Imperialiam The Highest Stage of Capitalism*[M]. New York: Independently Published, 2021.
4. Banerjee, A. and Newman, A., Occupational Choice and the Process of Development[J]. *Journal of Political Economy*, 1993, vol.101, pp.274-298.
5. Galor, O. and Zeira, J., Income Distribution and Macroeconomics[J]. *Review of Economic Studies*, 1993, vol. 60, pp.35-52.
6. Greenwood, J. And Jovanovic, B., Financial Development, Growth, and the Distribution of Income[J]. *Journal of Political Economy*, 1990, Vol.98, pp.1076-1107.

中指出的，资本性收入的分配比劳动收入更加不平等，在美国，非裔美国人的房屋拥有率长期落后于白人，可主要归因于获得抵押贷款的能力弱[1]，从而进一步加大了财富的两极分化。金融化带来的分配效应，即金融从业者工资与金融业利润大幅提高、食利性收入快速攀升及劳动收入份额下降不容小觑，而普惠金融若是"普"而不"惠"（如掠夺性贷款）亦有可能加大收入差距。

有学者认为，适度、规范的金融发展有利于减轻不平等，但金融压抑和过度金融化都可能导致不平等加剧。[2]正如罗伯特·希勒在《金融与好的社会》一书中指出的，金融有足够的潜力为我们塑造一个更加公平、公正的世界，因为金融高质量发展对风险的有效管理以及对随机性的减少应该带来社会不平等程度的降低。

三、物质文明和精神文明相协调

中国式现代化是物质文明和精神文明相协调的现代化，需要促进物的全面丰富和人的全面发展。金融作为经济增长的催化剂，其对物质文明的影响毋庸多言，此处仅以精神文明的土壤——文化为例，一方面，文化无所不在地渗入各项金融活动。一个典型的例子就是伊斯兰银行和金融的全球发展[3]，此外，还有包括宗教动机驱动的投资基金，以及旨在保护和促进参与主流金融市场的信徒的信仰表达的甄

---

1. Pager, D. and Shepherd, H., The Sociology of Discrimination: Racial Discrimination in Employment, Housing, Credit and Consumer Markets[J]. *Annual Review of Sociology*, 2008, vol.34, pp.181-209.
2. 张晓晶.金融发展与共同富裕：一个研究框架[J].经济学动态，2021（12）.
3. Jackson, P.S., Royal Spirits, Chinese God and Magic Monks: Thailand's Boom Time Religions of Prosperity[J]. *Southeast Asia Research*, 1999, vol.7, no.3, pp.245-320.

别机制。[1,2]一项以中国为背景的研究也表明，由于文化适应压力影响交易成本、资源整合、信任水平，其对银行业市场结构与企业家精神因果关联存在调节作用，随着文化适应压力的下降，银行集中度下降对当地企业家精神的正向影响增强。[3]

另一方面，金融亦能形塑文化。对合会[4]这一替代性金融形式的研究对与金融相关的社会关系、声望和价值文化提供了洞见。例如，印度尼西亚独立后的政府试图用合会（arisan）来培养社区主义的精神；加勒比地区的合会（susu），"它们的精神气质（曾）……指导后殖民地农业的本土发展"[5]。换言之，类似合会这样的非正式金融组织，往往与国家及意识形态工程关联在一起。

不仅如此，金融始终与文化同频共振。人类学的记载表明，"通过多样的宗教上变化的技巧对金融的去神圣化和再神圣化的引入，不仅仅是金融从世俗到神圣，从渎神到敬神，从虚构到真实等的循环转化。在这种循环中产生的振动，也使重塑和扩大了的新金融工具的市

---

1. Kurtz, L., and Dibartolomeo, D., The KLD Catholic Values 400 Index[J]. *Journal of Investing*, 2005, vol.14, no.3, pp.101-104.
2. Mueller, S.A., Investing Returns on an Islamic-Principled Mutual Fund in the United States: Further Evidence for the Cost-of-Discipleship Hypothesis[J]. *Sociology of Religion*, 1994, vol.55, no.1, pp.85-87.
3. 张雪兰，杨瑞桐. 银行集中度、文化适应压力与企业家精神［J］. 财贸经济，2022，43（7）.
4. 根据 Ardener（1964, p.201）的定义，合会指的是"一个由核心的参与者组成的协会，他们同意定期向一个基金提供捐助，该基金全部或部分地轮流给每个捐助者"。
5. Besson, J., Women's Use of ROSCAs in the Caribbean: Reassessing the Literature[M]//*Money-Go-Rounds: The Importance of Rotating Savings and Credit Associations for Women*, edited by S. Ardener and S. Burman, London: Routledge, 1996, pp.263-288.

场产生共鸣并找到了解决方式"[1]。由此可见，金融高质量发展不仅有助于厚植中国式现代化的物质基础，而且能够促进社会主义精神文明的发展，使物质文明与精神文明相互促进、相辅相成。

四、人与自然和谐共生

中国式现代化是人与自然和谐共生的现代化，要坚持可持续发展，坚定不移走生产发展、生活富裕、生态良好的文明发展道路，金融必然是不可或缺的重要力量。习近平总书记明确指出："发展绿色金融，是实现绿色发展的重要措施，也是供给侧结构性改革的重要内容。"[2] 根据 2016 年中国人民银行等七部委印发的《关于构建绿色金融体系的指导意见》，绿色金融是指"为支持环境改善、应对气候变化和资源节约高效利用的经济活动，即对环保、节能、清洁能源、绿色交通、绿色建筑等领域的项目投融资、项目运营、风险管理等所提供的金融服务"，绿色金融体系则是指"通过绿色信贷、绿色债券、绿色股票指数和相关产品、绿色发展基金、绿色保险、碳金融等金融工具和相关政策支持经济向绿色化转型的制度安排"。

绿色金融发展在全球已蔚为潮流，旨在推动可持续发展的《负责任投资原则（PRI）》《赤道原则》等绿色金融规范成为金融投资的重要决策依据，环境、社会责任和公司治理（ESG）评价在投资者/债权人参与公司治理、促进企业完善气候信息披露，提升企业和经济体

---

1. 卡瑞恩·克诺尔·塞蒂娜，亚力克斯·普瑞达. 牛津金融社会学手册［M］. 艾云，罗龙秋，向静林，译. 北京：社会科学文献出版社，2019：440.
2. 习近平. 强化基础注重集成完善机制严格督察 按照时间表路线图推进改革［N］. 人民日报，2016-08-31（1）.

增强应对气候变化的韧性方面正发挥着日益积极的作用。大量经验研究证实，绿色金融能够通过支持可持续发展行业、优化资源配置、优化产业结构、推动节能环保领域的技术创新以及帮助企业控制环境风险等途径促进绿色发展，提升经济增长质量。[1,2]

五、走和平发展道路

中国式现代化是走和平发展道路的现代化，既在坚定维护世界和平与发展中谋求自身发展，又以自身发展更好地维护世界和平与发展。正如习近平总书记指出的，"中国不认同'国强必霸论'，中国人的血脉中没有称王称霸、穷兵黩武的基因"[3]。金融在推动走和平发展道路方面能够发挥积极作用。

一方面，发展普惠金融是推动包容性增长和社会公正的重要途径已成为全球共识[4]，金融对维护世界和平的推动作用在实践中亦有典型案例可循。全球第一个社会股票交易所——影响投资交易所（Impact Investment Exchange）的创始人达伦·沙赫纳兹（Durreen Shahnaz）就主张，促进金融包容是缩小不平等差距的关键来源。通过发行妇女生计债券、妇女健康债券和可持续渔业债券等创新金融工具，影

---

1. 帕瓦达瓦蒂尼·桑达拉彦，纳格拉彦·维崴克，范连颖. 绿色金融助推印度绿色经济可持续发展［J］.经济社会体制比较，2016（6）.
2. Volz, U., Fostering Green Finance for Sustainable Development in Asia[R]. ADBI Working Paper Series, No. 814, 2018.
3. 习近平. 弘扬和平共处五项原则　建设合作共赢美好世界——在和平共处五项原则发表60周年纪念大会上的讲话［N］.人民日报，2014-06-29（1）.
4. 例如，世界银行认为，向穷人和边缘化群体提供金融服务将使他们能够利用各种金融产品来创办和发展企业，投资教育和工作技能以适应不断变化的劳动市场需求，保护自己、家人和企业免受各种冲击的影响。

响投资交易所成功地帮助了 40 个国家的弱势群体 1500 多万人。其于 2018 年发起的可持续和平创新金融倡议（Innovative Finance for Sustainable Peace），使命正是通过利用金融市场的力量推进全球建设和平议程。[1]

另一方面，金融已成为影响世界和平与发展的重要力量。全球资本市场的力量早已能够影响政府决策[2]，全球金融体系的运作逻辑本身也已成为经济政策的规则。[3] "全球化融合了制度变革动力和政策因素，将资本市场构建为一种独特的制度秩序"，这种日益正式的制度秩序是碎片化的、专业化的，但并不遵循各个国家的法律，这也就使得国际金融合作重要性进一步凸显的同时，走和平发展道路必须考虑金融因素。不仅如此，极端情况下，"以战止战"求和平，也必须仰仗金融的力量，因为"战争已经成为对财政实力和军事实力的双重考验"[4]。

而罗伯特·希勒则指出，金融关联度能够预防战争的爆发，不仅

---

1. 该倡议为期五年，其任务将是利用创新的金融机制筹集 10 亿美元，影响 1 亿人的生活，推动全球范围内的可持续建设和平努力——在冲突后国家、冲突高风险国家和寻求通过建立系统性的社会经济复原力来减轻日益严重的暴力威胁的国家。该倡议旨在实现三个基本目标：有效利用金融市场，通过创建"有商业价值"的公司、平等的社区和对所有人都有复原力的地球，推动世界各地的可持续和平；将性别视角融入全球和平红利，将叙事从妇女为战争受害者转变为承认妇女是建设和平的解决方案；激励来自公共、私营和慈善部门的主要利益攸关方共同为和平创造创新金融产品。参见：Can the World of Finance Be Tapped for Peace? https://knowledge.wharton.upenn.edu/article/impact-investment-exchange/。
2. Arrighi, G., *The Long Twentieth Century: Money, Power, and the Origins of Our Times*[M]. London: Verso, 1994.
3. Sassen, S., *Territory, Authority, Rights: From Medieval to Global Assemblages*[M]. Princeton: Princeton University Press, 2008.
4. Carruthers, B.G., *City of Capital: Politics and Markets in the English Financial Revolution*[M]. Princeton: Princeton University Press, 1996, pp.90.

是因为战争影响资本流动,更重要的是提供了一个能够宣泄人类进犯本性的舞台。因此,当今世界谋求和平与发展,金融已然成为不可忽视的重要力量,需要推进金融高质量发展。

第二章

优化金融服务：
金融高质量发展的根本宗旨

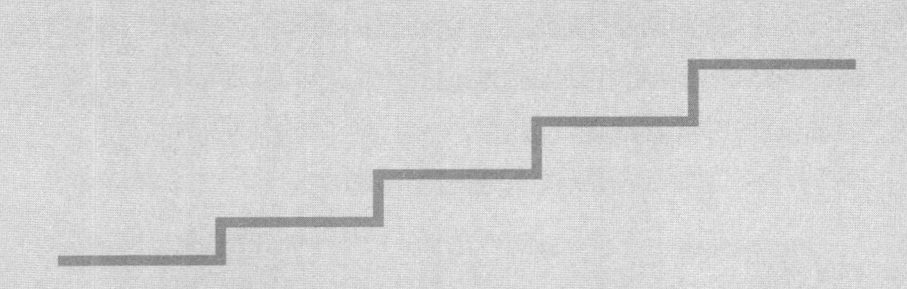

中央金融工作会议于2023年10月30日至31日在北京举行，习近平总书记出席会议并发表重要讲话。针对我国长期存在的"金融服务实体经济的质效不高"这一突出问题，习近平总书记强调"优化金融服务"，要"坚持把金融服务实体经济作为根本宗旨"，明确指出，"金融要为经济社会发展提供高质量服务"，要"切实加强对重大战略、重点领域和薄弱环节的优质金融服务"，要"把更多金融资源用于促进科技创新、先进制造、绿色发展和中小微企业，大力支持实施创新驱动发展战略、区域协调发展战略"。

　　关于金融服务实体经济，习近平总书记高度重视，多次发表重要讲话。2017年4月25日，在主持中共中央政治局第四十次集体学习时指出，要为实体经济发展创造良好金融环境，疏通金融进入实体经济的渠道。2017年7月14日至15日，在全国金融工作会议上指出，做好金融工作要回归本源，服从服务于经济社会发展；金融要把为实体经济服务作为出发点和落脚点，全面提升服务效率和水平，把更多金融资源配置到经济社会发展的重点领域和薄弱环节，更好满足人民群众和实体经济多样化的金融需求；金融是实体经济的血脉，为实体经济服务是金融的天职，是金融的宗旨。2019年2月22日，在主持中共中央政治局第十三次集体学习时指出，金融要为实体经济服务，满足经济社会发展和人民群众需要。金融活，经济活；金融稳，经济稳。经济兴，金融兴；经济强，金融强。经济是肌体，金融是血脉，两者共生共荣。

不断优化金融服务，努力提高金融服务实体经济的质效，既是金融高质量发展的具体表现，也是金融高质量发展的核心内容和建设金融强国的内在要求。

第一节

从金融与经济的关系看金融服务实体经济

学术界关于"金融服务实体经济"一直有着不同的认识和理解，主要原因是，在现实中，"金融"与"实体经济"的界限已经十分模糊，使得主、客体难辨，再加上在金融发展的自身逻辑中，客观上就潜藏着对实体经济不断"疏远化"的倾向，危机以来尤甚。[1]也还有观点认为，世界上很多国家并不怎么提金融服务实体经济，也不特别强调金融要和实体经济保持紧密关系。[2]因此，对于金融服务实体经济这一重大命题，还有必要进行深入的分析和讨论。

一、金融服务实体经济的逻辑机理

自熊彼特提出运作良好的银行通过识别和资助企业家来刺激技术创新、加速资本积累，是提升经济增长的重要动力等论断[3]以来，

---

1. 李扬."金融服务实体经济"辩[J].经济研究，2017（6）.
2. 周小川.金融服务实体经济的理念、相关政策和长期效果[J].比较，2021（4）.
3. Joseph A. Schumpeter. *A Theory of Economic Development*[M]. Cambridge: Harvard University Press, 1911.

学术界积累了大量关于金融发展与经济增长关系的文献。其中，一个广为接受的观点是：金融发展降低了金融运行的交易成本、信息成本和监督成本，能够改善资源配置，促进经济增长。[1]

金融对中国式现代化诸要素的推动作用，也已获得相当多的文献支撑：金融在不确定的环境中促进资源跨时空分配的功能，及其作为产业增长与产业结构转型"催化剂"的角色，有助于有效应对人口规模巨大带来的挑战与机遇；金融能在夯实共同富裕物质基础的同时，以其对风险的有效管理及减少随机性降低社会不平等程度；文化作为精神文明的土壤，无所不在地渗透于各项金融活动，而金融也往往与国家及意识形态工程相关联，始终与文化同频共振，故而有助于促进物质文明与精神文明相协调；绿色金融能够通过支持可持续发展行业、优化资源配置、优化产业结构、推动节能环保领域的技术创新以及帮助企业控制环境风险等途径促进绿色发展，有助于推动人与自然和谐共生；金融在推动世界和平方面发挥着重要作用，全球资本市场的力量早已能够影响政府决策，全球金融体系的运作逻辑本身也已成为经济政策的规则。[2]

二、厘清金融与经济的关系是积极发挥金融服务功能的前提

金融支持中国式现代化的积极作用，建基于"好金融"的基础之

---

1. Raghuram G. Rajan and Luigi Zingales. Financial Dependence and Growth[J]. *American Economic Review*, vol. 88, no.3, 1998, pp.559-586; Robert King and Ross Levine. Finance and Growth: Schumpeter Might be Right[J]. *Quarterly Journal of Economics*, 1998, vol.108, no. 3, pp.717-737.
2. 何德旭，张雪兰. 中国式现代化需要怎样的金融体系[J]. 财贸经济，2023，44（1）：18-29.

上，而非提高金融中介成本、降低金融资源配置效率的"坏金融"[1]，后者通常表现为资金脱实向虚和实体经济金融化，其后果一如亚当·斯密对于一国工商业过度金融化的警示："当他们这样或者如以前一样'依赖纸币做成的代达罗斯翅膀'的时候，是不能做到完全的安全无忧的。"[2] "好金融"与"坏金融"的思想根源差异，就在于是否真正明确了金融与经济的关系。这一关系事实上也映照了中国金融改革的三个困惑：既然已经决定进行市场化改革，为什么政府还要对金融体系实施如此普遍的干预？既然政府持续而普遍地对金融体系实施干预，为什么中国还能够实现高速经济增长并保持金融基本稳定？既然中国金融体系帮助创造了中国的"经济奇迹"，为什么近年来"金融不支持实体经济"的矛盾越来越突出？[3]

对前两个问题的回答，正是"中国历来重视金融服务实体经济，强调金融产品、金融服务和金融市场应与实体经济密切相关"[4]。正是因为政府深谙金融与经济的关系，采取独具中国特色的金融资源跨时空配置[5]，在金融市场机制还不够完善的情况下，通过一系列金融政策在民间部门创造租金机会，从而达到既防止金融抑制的危害又能促

---

1. 刘俏.我们热爱的金融：重塑我们这个时代的中国金融［M］.北京：机械工业出版社，2020.
2. 海因茨·D.库尔茨.经济思想简史［M］.李酣，译.北京：中国社会科学出版社，2016：36.
3. 黄益平，王勋.读懂中国金融：金融改革的经济学分析［M］.北京：人民日报出版社，2022.
4. 值得一提的是，周小川同时强调，"很多人可能认为，其他国家也会存在类似的概念。其实不然。世界上很多国家并不怎么提金融服务实体经济，也不特别强调金融要和实体经济保持紧密关系"。参见：周小川.金融服务实体经济的理念、相关政策和长期效果［J］.比较，2021（4）。
5. 张杰.金融资源跨时配置与经济崛起［J］.中国金融，2018（4）.

使金融部门主动规避风险。[1]第三个问题，则是金融部门未能充分贯彻落实金融服务实体经济的结果，解决这一问题已使得避免脱实向虚、推动金融服务实体经济成为中国金融供给侧结构性改革的重要工作。理念的误区不可避免地带来认知和行为的偏差，正如斯蒂格利茨指出的，对金融部门建模不足，致使难以预测金融风险，正是现代宏观经济学微观基础的错误之一。[2]走中国特色的金融发展道路，无疑需要始终牢记经济是肌体、金融是血脉，切实降低金融中介成本，提高金融资源配置效率，唯其如此，才能有效发挥金融发展对中国式现代化的积极推动作用。[3]

三、从系统循环的视角看金融服务实体经济

正确认识和理解金融与实体经济的关系，就是要坚持系统观点，将经济—金融视为一个有机的整体，经由对整体及其构成部分相互作用过程的透视来把握经济过程与金融过程、经济变量与金融变量之间的联系，审视资本驱动下的金融和经济可能造成的扭曲和失衡的原因和机理，把握实体经济同金融良性循环的逻辑及实现路径。

资本通过金融体系进入实体经济领域，一般以如下方式参与产

---

1. Joseph E. Stiglitz. The Role of the State in Financial Markets[J]. *The World Bank Economic Review*, 1993, vol. 7, no.1, pp.19-52.
2. Joseph E. Stiglitz. Where Modern Macroeconomics Went Wrong[J]. *Oxford Review of Economic Policy*, 2018, vol.34, no.1-2, pp.70-106.
3. 例如，周小川就认为，"金融和实体经济之间的关系，从长期效果来讲，关系到国家的竞争力，关系到经济的增长和人民的福祉。坚持金融为实体经济服务，从长远来讲，会获得巨大的好处。比较近年来中美经济规模及其全球占比的变化，可以看出这一差别"。参见：周小川.金融服务实体经济的理念、相关政策和长期效果[J].比较，2021（4）。

业资本循环:(1)金融利用期限转换、信用转换等方式实现资本跨时空配置,引导实体经济资源优化配置;(2)金融发挥其价值实现的交换功能,作用于流通过程,维护货币资本、生产资本和商品资本的空间并存性和时间继起性,有助于生产、分工和交换的不断扩大;(3)金融发挥其基于规模经济和专业技术的信息揭示和甄别优势,通过激励相容机制来实现风险缓释和流动性不匹配的转移[1],降低实体企业风险承担,提高实体经济风险防控和化解能力。金融与实体经济相互作用、相互强化,并在这种相互作用中实现良性循环。

值得重视的是,金融与实体经济的互动在繁荣与萧条时期存在不对称性:繁荣时期的经济很大程度上可视同为在无摩擦金融市场中运行;但萧条时期则不然,金融摩擦会加剧负面扰动,放大冲击对经济衰退的影响。[2] 金融市场摩擦内生化的常见方法是引入借贷双方间的委托代理问题,由于信息不对称的存在,理性的贷款人会对贷款施加诸如贷款限额、抵押担保及破产选择权等要求,从而使得外部融资成本高于内部融资成本,即"外部融资溢价"。[3] 借款人资产负债表恶化会推高外部融资溢价,减少借贷、消费和经济活动,在金融加速器[4]

---

1. Douglas W. Diamond and Philip H. Dybvig. Bank Runs, Deposit Insurance, and Liquidity[J]. *Journal of Political Economy*, 1983, vol.91, no.3, pp.401-419.
2. Zhiguo He and Arvind Krishnamurthy. A Macroeconomic Framework for Quantifying Systemic Risk[J]. *American Economic Journal: Macroeconomics*, 2019, vol.11, no.4, pp.1-37.
3. Ben S. Bernanke and Mark Gertler. Agency Costs, Net Worth, and Business Fluctuations[J]. *American Economic Review*, 1989, vol.79, no.1, pp.14-31.
4. Ben S. Bernanke, Mark Gertler and Simon Gilchrist. Chapter 21 The Financial Accelerator in a Quantitative Business Cycle Framework[M]//*Handbook of Macroeconomics*, edited by John B. Taylor and Michael Woodford, Amsterdam: North Holland, 1999, vol.1, part C, pp.1341-1393.

和信贷周期[1]的推动下，外部融资溢价不断上升导致借款人被迫大幅削减支出，最终导致金融危机全面爆发。[2]历史和国际经验充分表明，在严重金融危机之后往往会发生长期而大幅的衰退[3]，而大衰退又在很大程度上肇因于金融和信贷市场紊乱，后者可分为两类：一是投资人对金融机构和证券化贷款的信心丧失，由此引发的金融恐慌收紧了信贷供给，即"金融脆弱性"观点；二是居民资产负债表受损，导致去杠杆化和居民支出缩减，即伯南克所称之"资产负债表渠道"。[4]金融与实体经济无法实现良性循环的后果由此可见一斑。

真正厘清金融与实体经济的关系，方可有效遏制资本逐利的内在本性，避免"脱实向虚"对高质量发展的侵蚀。20世纪80年代以来，在全球化进程及信息技术革命的推动下，金融交易突破地域和时空限制，金融资本的流动性和便利性大大提高，金融市场交易成本下降、效率提高，金融市场与社会脱嵌的趋势日益明显，经济金融化的趋势不断增强，对经济社会产生了巨大的负面影响。在当下这被萨米尔·

---

1. Nobuhiro Kiyotaki and John Moore. Credit Cycles[J]. *Journal of Political Economy*, 1997, vol. 105, no.2, pp.211-248.
2. Mark Gertler and Simon Gilchrist. What Happened: Financial Factors in the Great Recession[J]. *Journal of Economic Perspectives*, 2018, vol. 32, no. 3, pp. 3-30.
3. Carmen M. Reinhart and Kenneth S. Rogoff. *This Time Is Different: Eight Centuries of Financial Folly* [M]. Princeton: Princeton University Press, 2011.
4. 本·伯南克. 信贷紊乱对实体经济的影响：来自本轮全球金融危机的教训[J]. 比较，2019（1）. 克里斯蒂安诺等学者亦主张，大衰退期间的总量实体经济活动的变动有很大部分是由金融摩擦造成的，参见：Lawrence J. Christiano, Martin S. Eichenbaum, and Mathias Trabandt. Understanding the Great Recession [J]. *American Economic Journal: Macroeconomics*, 2015, vol.7, no.1, pp.110-167.

阿明定性为"普遍垄断"的时代[1],垄断资本"不仅没有成为社会生产力发展的推动力,反而成为一个寄生实体,本质上具有食利和投机功能"[2]。"作为资本主义新形式的平台经济""赢者通吃",在威胁传统企业发展的同时,导致劳动"优步化"、公共政策"硅谷化"。[3] 无序扩张的资本不断地将自然资源、药品、教育等关系人类生存和发展的基本资源商品化、金融化,并从对这些资源的排他性占有中获取垄断利润,严重地侵害了公众利益和社会福利。

尽管资本内在矛盾[4]所引发的生产过剩等消极影响在中国特色社会主义经济建设过程中受到极大的限制和消除,但资本的逐利本性和消极作用依然是客观存在。放任资本逐利,任由资本无序扩张,必将严重破坏产业生态,侵蚀高质量发展的经济基础。正确认识和把握资本的特性和行为规律,探索如何在社会主义市场经济条件下发挥资本

---

1. Samir Amin. *The Implosion of Contemporary Capitalism*[M]. New York: Monthly Review Press, 2013.
2. Raúl Delgado Wise and Mateo Crossa Niell. Capital, Science, Technology: The Development of Productive Forces in Contemporary Capitalism[J]. *Monthly Review*, 2021, vol. 72, no. 10.
3. 劳动"优步化"(uberisation)指的是平台雇用大量的自由职业者,特别是低技能的自由职业者,把风险和成本转嫁至没有制度保护的劳动者身上。公共政策"硅谷化"(silicolonisation),是指硅谷文化和意识形态在政治领域的入侵与扩散,硅谷企业家极力推动政府运用其数字化方法解决公共问题,却又不想让官僚体系对其施以监管。参见:Matthieu Montalban, Vincent Frigant and Bernard Jullien. Platform Economy as a New Form of Capitalism: a Régulationist Research Programme [J]. *Cambridge Journal of Economics*, 2019, vol. 43, no. 4, pp. 805-824。
4. 一方面,资本摧毁一切阻碍发展生产力、扩大需要、使生产多样化、利用和交换自然力量和精神力量的限制,为生产力发展扫除障碍;另一方面,当资本无法克服和超越这些限制时,资本具有限制生产力的趋势,导致生产过剩、资本主义经济危机爆发。参见:马克思恩格斯全集(第30卷)[M].北京:人民出版社,1995:390,406。

的积极作用，同时有效控制资本的消极作用十分必要，一方面，要筑牢产业资本与金融资本的"防火墙"，依法加强对资本的有效监管，防止资本野蛮生长，遏制资本无序扩张；另一方面，支持和引导资本规范健康有序发展，依法维护公平竞争，坚决反对垄断，充分发挥资本在金融活动中的积极作用。唯有真正厘清金融与实体经济的关系，才能做到始终如一把金融服务实体经济放在第一位，摆正金融工作位置，促进经济和金融良性循环、健康发展。

第二节

切实做好五篇大文章

中央金融工作会议提出："做好科技金融、绿色金融、普惠金融、养老金融、数字金融五篇大文章。"切实做好这五篇大文章，是推动金融高质量发展的必然要求，也是全面提升金融服务实体经济效率和水平、推动金融高质量发展的重要内容。

一、发展科技金融，助力创新驱动发展战略深入实施

科技创新离不开金融支持。一般而言，创新活动早期风险高、资金需求量大，来自资本市场的天使投资、风险投资等注重长期投资回报，在短期内允许试错容错，能够为创新活动提供资金支持。随着创新活动获得市场认可、创新成果进入产业化发展阶段，相关生产资本投入可以催生新的"技术—经济"范式，推动产业繁荣和财富创造。在新一轮科技革命和产业变革深入发展、全球科技创新的广度深度速度持续攀升、创新在现代化建设全局中核心地位日益凸显的背景下，我国经济正在从要素驱动、投资驱动转向创新驱动。

针对金融与科技创新的融合度还不高、大量金融资源不能有效配置到科技创新领域、大量科技产业和创新企业缺乏稳定可靠的融资渠道等突出问题，必须聚焦科技创新的重点领域和金融服务的短板弱项，深化金融供给侧结构性改革，把更多金融资源用于促进科技创新。要积极构建包括信贷、债券、股票、保险、创业投资、融资担保等在内的全方位、多层次、多渠道、现代的科技金融服务体系，不断提高金融支持科技创新的能力、强度和水平，加强对新科技、新赛道、新市场的金融支持，加快培育新动能新优势；要引导金融机构根据不同发展阶段的科技型企业的不同需求，进一步优化产品、市场和服务体系，为科技型企业提供全生命周期的多元化接力式金融服务，加快形成以股权投资为主、"股贷债保"联动的金融支持创新体系；要创新科技金融服务模式，优化和增强包括直接融资、间接融资在内的科技金融供给，提升金融科技服务水平，支持科技成果转化、企业关键技术研发和科技型中小微企业发展壮大，助力创新驱动发展战略深入实施，为加快实现高水平科技自立自强贡献金融力量。

二、发展绿色金融，推动形成绿色低碳的生产生活方式

绿色金融是可持续发展理念在金融领域的具体运用，金融机构或金融市场作为载体，将环境保护、资源节约利用作为经营管理的目标参数，在业务决策中充分考虑跟环境相关的各类成本和收益，通过市场化的资源配置方式，引导各类资金或资源流向资源节约利用型、生态环境友好型产业，促进经济结构绿色低碳转型和资源高效利用、改善生态环境质量、助力生态环境保护、防范与化解气候变化风险、推进生态文明建设，最终实现经济社会的可持续发展。

近些年来，我国绿色金融发展尽管取得了较为突出的成绩，但也

面临一些挑战，长期粗放型增长方式使得环境承载能力已经达到或接近上限，绿色金融激励约束机制还需要不断优化，绿色金融标准体系也还有待进一步完善，绿色金融产品创新力度仍需不断加强，环境信息披露机制亟须健全，特别是对标碳达峰碳中和目标和建设社会主义现代化国家的新要求，还需要积极发挥绿色金融对实体经济的撬动引导作用，持续完善绿色金融政策支持体系，强化绿色金融产品与服务创新，推进环境信息披露，深化绿色金融国际合作，助力经济结构绿色转型，应对环境与气候变化风险。

具体来看，需要建立特色化的绿色金融体系，发挥绿色金融在实体经济中的资源配置功能，引导更多金融资源投向绿色低碳领域，不仅加速国内经济结构绿色低碳转型，而且维护中国作为负责任大国的良好形象。[1]要通过市场化途径，构建完善的绿色金融服务体系，撬动更多的金融资本与社会资金满足绿色项目建设的投融资需求。[2]要推动绿色信贷资产证券化，吸引非银行机构投资者为绿色发展提供资金。[3]要牢固树立和践行绿水青山就是金山银山的理念，站在人与自然和谐共生的高度谋划金融业改革发展，鼓励引导金融机构为支持环境改善、应对气候变化和资源节约高效利用的经济活动提供金融服务。要围绕建设现代化经济的产业体系、市场体系、区域发展体系、绿色发展体系等提供精准金融服务，构建风险投资、银行信贷、债券市场、股票市场等全方位、多层次金融支持服务体系。要完善支持绿

---

1. 马骏.论构建中国绿色金融体系[J].金融论坛，2015（5）.
2. 中国工商银行绿色金融课题组.商业银行构建绿色金融战略体系研究[J].金融论坛，2017（1）.
3. 鲁政委，方琦，等.促进绿色信贷资产证券化发展的制度研究[J].西安交通大学学报（社会科学版），2020（3）.

色发展的财税、金融、投资、价格政策和标准体系，加快建设完善全国碳排放权交易市场，进一步健全排污权、用能权、用水权、碳排放权等交易机制，支持加快节能降碳先进技术的研发和推广应用。

绿色金融是一项系统工程，要提升绿色金融对经济低碳转型功效，就必须加快推进绿色金融体制机制创新，理顺金融机构、社会资本、企业等市场主体的利益关系，协调各参与主体的行动，形成绿色金融与绿色产业的良性互动格局，为绿色低碳企业与项目提供高效的融资服务。通过建立和完善绿色金融标准体系、金融机构监管和信息披露、激励约束机制、产品和市场体系、国际合作空间"五大支柱"，积极发挥绿色金融资源配置、环境和气候风险管理、市场定价"三大功能"，推动绿色金融与绿色经济持续健康发展。[1]

三、发展普惠金融，更好满足人民群众日益增长的金融需求

普惠金融立足机会平等要求和商业可持续原则，以可负担的成本为有金融服务需求的社会各阶层和群体提供适当、有效的金融服务，可以在一定程度上消除金融排斥、增强金融的包容性、提升金融服务的水平和效率。

过去十多年，普惠金融取得了长足进展，普惠金融服务覆盖率、可得性、满意度逐步提升。截至 2023 年 9 月末，普惠小微贷款余额 28.74 万亿元，同比增长 24.1%；授信户数超过 6107 万户，同比增长 13.3%。截至 2023 年 8 月末，全国涉农贷款余额 54.98 万亿元，同比

---

1. 刘桂平. 金融系统要坚定不移践行新发展理念［J］. 中国金融，2022（1）.

增长15.4%。[1] 在有效应对疫情冲击、助力打赢脱贫攻坚战、补齐民生领域短板、促进城乡融合发展以及小微企业成长等方面，普惠金融发挥了非常积极的作用。特别是随着信息技术的不断发展和数字金融服务及数字金融产品日渐丰富，我国数字普惠金融服务也实现了跨越式发展。[2] 但总体上看，我国的普惠金融还存在一些突出的问题和不足，普惠金融还不能满足农业农村、小微企业、弱势群体等的融资以及其他方面的需求，包括普惠金融的商业可持续性有待提升，普惠金融的创新性和适应性还不强，普惠金融服务同质化现象较为严重，等等。

满足人民群众日益增长的金融需求，特别是让小微企业、农民、城镇低收入人群、贫困人群和残疾人等特殊群体及时获得价格合理、便捷安全的金融服务，需要大力发展普惠金融，健全普惠性的现代金融体系，提高金融服务的覆盖率、可得性和满意度。要实施数字化转型，以数字技术助力普惠金融服务提质增效，进一步降低普惠金融服务成本、扩大普惠金融服务覆盖面、提升普惠金融服务渗透率。要坚持以人民为中心的发展思想，优化普惠金融重点领域产品服务，支持小微经营主体可持续发展，加大对民营企业的金融支持力度，积极满足民营中小微企业的合理金融需求。要加大对乡村振兴领域的信贷投放和保险保障力度，加大对乡村产业发展、文化繁荣、生态保护、城乡融合等领域的金融支持，加大对粮食生产各个环节、各类主体的金

---

1. 国务院关于金融工作情况的报告——2023年10月21日在第十四届全国人民代表大会常务委员会第六次会议上［R/OL］（2023-10-21）［2024-03-07］. www.npc.gov.cn/npc/c2/c30834/202310/t2023/021_432324.html.
2. 郭峰，等. 测度中国数字普惠金融发展：指数编制与空间特征［J］. 经济学（季刊），2020（4）.

融保障力度，助力乡村振兴国家战略有效实施。要健全多层次普惠金融机构组织体系，完善高质量普惠保险体系，提升资本市场普惠金融服务效能。要进一步完善普惠金融政策制定和执行机制，进一步健全普惠金融基础设施、制度规则、基层治理，进一步构建普惠金融成本可负担、商业可持续长效机制。

四、发展养老金融，助力实施积极应对人口老龄化国家战略

养老金融是包括养老金金融、养老服务金融和养老产业金融等在内的围绕社会成员的各种养老需求所开展的全部金融活动。养老金融既包括养老金制度下，运用金融工具实现养老金保值增值以及在时间、空间上实现养老金最优化配置的金融活动，还包括运用养老金制度之外的资金，比如银行资金、保险资金、个人委托金融机构进行养老财富管理的资金，发展养老产业的金融活动。[1]

积极应对人口老龄化，事关国家发展全局，事关亿万百姓福祉，对于全面建设社会主义现代化国家具有重要意义。日益增长的养老需求与发展不足的养老产业之间存在矛盾，客观上也需要将金融与养老产业结合起来，利用金融促进养老产业的快速发展。金融帮助增加养老保障供给、养老资产管理和服务、养老产业的投资和融资，也有利于完善我国多层次养老保险体系，增强养老保障能力。

2024年1月15日，国务院办公厅发布《关于发展银发经济增进老年人福祉的意见》，提出要丰富发展养老金融产品，包括：支持金融机构依法合规发展养老金融业务，提供养老财务规划、资金管理等

---

1. 张苏.发展壮大养老金融　促进养老体系健康发展［N］.光明日报，2023-12-27（11）.

服务；丰富个人养老金产品，推进专属商业养老保险发展；积极发展商业医疗保险和商业长期护理保险，开展人寿保险与长期护理保险责任转换业务试点工作，加强养老金融产品研发与健康、养老照护等服务衔接。推动养老金融持续健康发展，需要充分利用金融科技进一步创新、优化养老金融产品和服务，发挥金融跨期资源配置功能，为人民群众积累养老资产提供优质金融服务。可以在充分考虑老年人群体风险偏好的基础上，设计差异化、系统化的理财产品组合；不断探索适用于老年人的消费场景建设，对老龄群体消费过程中可能用到的支付工具等设施进行适老化改造，开发真正符合老龄群体消费习惯的产品及支付工具；要强化支持老龄事业发展和养老服务的资金保障，拓宽金融支持养老服务渠道；鼓励金融机构开发符合老年人特点的支付、储蓄、理财、信托、保险、公募基金等养老金融产品，促进和规范发展第三支柱养老保险，更好满足日益多元的养老金融需求。

五、发展数字金融，巩固和提升我国数字经济优势

数字金融的本质是金融的信息化、网络化、数字化。它既是新的金融业态、新的金融模式，也是新的金融发展阶段。数字金融是传统金融部门和金融科技企业共同利用数字技术开展金融服务的金融模式，是数字技术与传统金融的相互融合与相互渗透，是在传统金融基础上表现出来的金融新形式、新技术、新模式。[1]通过数字信息技术手段与传统金融服务业态相结合的新型金融服务（包括数字货币、数字支付、数字银行、数字保险、数字资产管理等），实现金融业务的

---

1. 世界银行.数字金融服务报告，2020年4月。

自动化、智能化、差异化、个性化和场景化，从而具备强大的兼容性、便利性、可塑性和包容性，可以为经济社会提供新型、便捷、高效的金融供给。与传统金融相比，数字金融具有明显的优势（见图2-1）。发展数字金融，能够提高金融服务交付速度、透明度和安全性，解决信息不对称，扩大金融覆盖面，提高融资效率，降低融资成本，促进金融资源要素实现网络化共享、集约化整合、精准化匹配，推动数字经济与实体经济深度融合，从而能够较好地解决金融服务不足、金融服务效率不高的问题。

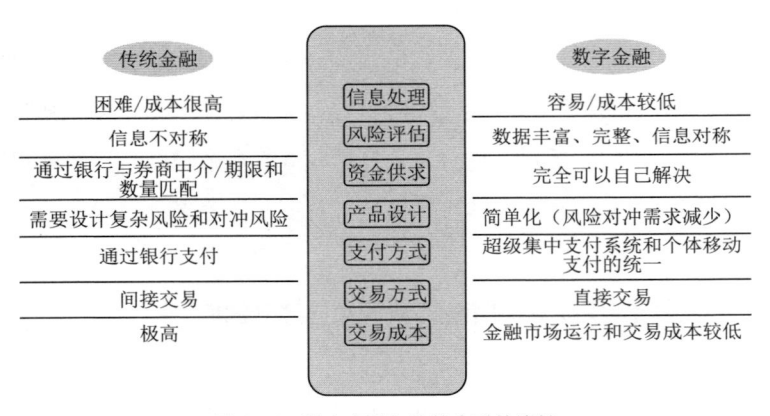

传统金融		数字金融
困难/成本很高	信息处理	容易/成本较低
信息不对称	风险评估	数据丰富、完整、信息对称
通过银行与券商中介/期限和数量匹配	资金供求	完全可以自己解决
需要设计复杂风险和对冲风险	产品设计	简单化（风险对冲需求减少）
通过银行支付	支付方式	超级集中支付系统和个体移动支付的统一
间接交易	交易方式	直接交易
极高	交易成本	金融市场运行和交易成本较低

图2-1　数字金融与传统金融的比较

当下，数字金融发展还面临着资金投入不足、人才短缺、场景推广受限、目标观念差异等方面的难题，也还需要应对数据孤岛、隐私保护、技术安全、风险管控、数字鸿沟、制度构建等方面的挑战。

巩固和提升我国数字经济优势，需要加快数字金融创新。要把握机遇、重视安全，推动金融机构加快数字化转型，提高金融服务实体经济、满足经济社会发展和人民群众需要的便利性。同时，针对数字金融发展中可能出现的风险与挑战，要将数字元素注入金融服务全流程，将数字思维贯穿金融业务运营全链条，注重金融创新的科技驱动和数据赋能，规范数字金融有序创新，严防数字金融衍生业务风险；要加大数字金融产品开发力度，增加和优化数字金融服务供给，不断推动金融业务流程信息化，适应和满足客户需求；要着力消除城乡间、区域间"数字鸿沟"，进一步激活金融市场竞争动力；要加快建设数字金融基础设施和基本制度，提高数字金融治理体系和治理能力现代化水平，构建适应现代经济发展的数字金融新格局，不断提高金融服务实体经济的能力和水平。

很显然，在上述五篇文章中，数字金融是极为特殊、更加重要的一篇，它构成其他四篇文章的"底座"和基础，是中国特色现代金融体系的"标配"，是金融高质量发展的前提和建设金融强国的基石，也是中国特色金融发展道路的具体体现。

要真正做好这五篇大文章，还需要深化金融供给侧结构性改革，建立现代财税金融体制，构建金融有效支持实体经济的体制机制。

第三节

注重为民营企业发展壮大提供有效的金融服务

优化金融服务，使金融高效服务实体经济，一个十分重要的方面，是为我国数量众多、作用巨大的民营企业提供高质量的金融服务。2023年12月召开的中央经济工作会议明确指出，要在市场准入、要素获取、公平执法、权益保护等方面落实一批举措，以促进民营企业发展壮大。2023年10月召开的中央金融工作会议也强调，金融要为经济社会发展提供高质量服务，要切实加强对重大战略重点领域和薄弱环节的优质金融服务。针对民营企业长期存在的融资难融资贵融资慢等突出问题，必须不断完善融资环境，为民营企业发展壮大提供有效的金融服务。

民营企业是我国公有制为主体多种所有制经济共同发展的重要组成部分，是推动我国全面建成社会主义现代化强国、实现第二个百年奋斗目标的重要力量。事实证明，民营企业在推动发展、提升效率、促进创新、增加就业、改善民生和扩大开放等方面都发挥着重要作用。近年来，在国际局势动荡、经济逆全球化、疫情阻滞经济发展的背景下，民营企业面临严峻的外部环境和巨大的经营挑战压力。

针对民营企业融资难这一痼疾，政府部门、金融机构、学术界、企业从不同层面已经提出了许多对策建议，相关监管部门也出台了一些措施，民营企业融资难得到了一定程度的缓解，但问题依然存在，特别是当面临更为严峻复杂的外部环境时，这个问题就再次凸显，成为阻碍民营企业发展壮大的突出瓶颈。着力解决这一问题就成为破解民营企业困局的关键一招、重要一环。特别是，造成民营企业融资难的原因十分复杂，不是一个简单的、表层的问题。要从根本上解决这个难题，就需要找到并消除"病根"，采取系统性的解决方案，形成有利于民营企业融资的社会大环境。

一、完善信用评价数据共享机制，减少结构性融资难题

融资难融资贵并不仅仅是需求侧的问题，现实情况往往是，在民营企业融资难融资贵的同时，金融机构特别是商业银行也面临放款难的情形，也就是投融资存在结构性问题。根本原因在于，民营企业与金融机构之间存在信息不对称，缺乏相互信任。民营企业难以从金融机构获取融资，金融机构"不敢贷、不愿贷、不能贷、不会贷"。这是投融资领域长期存在的难题。当下，信息技术及其广泛应用为破解这个难题提供了操作上的可能性。依托互联网、大数据等的信用评价已经较为成熟和广泛地应用于多种融资场景，极大地丰富了信用评价的方法和内容。然而，由于政府、金融机构、互联网平台等掌握的信用信息尚未形成整合，信息孤岛使得金融机构难以获得全面信息或者获得信息的成本过高。因此，需要多方努力，多管齐下。

政府应尽快设计出台用于信用评价的数据共享机制和规则，可实行强制与有偿提供相结合，在严格监管前提下对金融机构放开不涉及

国家安全的公共数据。金融机构和互联网平台应对外共享自身掌握的信用信息，共同打造信用社会，共享信用社会红利。民营企业应积极主动提供自身信用信息，并专注于业务，诚信经营，维护自身良好信用，打造自身的软实力。

二、建立融资风险市场化分担机制，减轻金融机构风险负担

相比国有大型企业，民营企业小而灵活，具有较强的开拓性和创新性，而这往往伴随着较高的经营风险。在相同的收益下，金融机构往往不愿意放款给风险更高的民营企业。如果金融机构提高放款利率，那么民营企业将承担更高的融资成本，经营负担增加，风险提升。这些风险由单一部门承担，都会加大压力，因此，建立全面的、系统性的、可持续的市场化风险分担机制就成为解决这一问题的重要手段。

一方面，要全面覆盖民营企业风险，既包括民营企业的信用风险，也包括民营企业的经营风险和科技创新风险。另一方面，要涵盖全部参与主体，政府及相关部门建立健全机制、负责监管，商业银行、保险公司、担保机构、证券公司等机构参与共管、共担风险，产业链供应链上下游企业相互分担风险。再一方面，要有系统性的分担机制设计，包括优化升级原有的融资担保机制，如丰富抵押品种类、提升知识产权质押普惠度；建立风险补偿基金，可由各类金融机构共同出资，用于补偿金融机构投向民营企业的资金损失；创新民营企业经营全过程保险，扶持民营企业发展，降低其违约风险，包括处于研发阶段的科创保险、生产过程中的财产保险和产品责任保险、销售过程中的货运保险等。

三、畅通股票市场、债券市场、银行信贷融资渠道，提升民营企业融资可获得性

民营企业融资难融资贵的一个重要原因或表现是其融资方式单一，且获取融资的渠道不畅。除商业银行贷款受到限制以外，民营企业发行股票和债券更是面临重重阻力。因此，必须推进监管改革和金融创新，畅通民营企业融资渠道。有必要进一步放宽民营企业股票和债券融资条件，支持民营企业进入资本市场和债券市场融资。

在债券市场方面，有必要扩大民营企业债券融资覆盖面，创新民营企业债券融资工具，推动民营企业债券融资支持工具扩容增量，推广科技创新债券、小微企业增信集合债券，鼓励机构投资者配置民营企业债券。

在股票市场方面，完善民营企业股权融资基础性制度，扩大创业板和科创板规模，大力发展北京证券交易所，打造民营企业股权融资主场；进一步完善股票发行注册制；发挥地方政府专项引导基金作用；完善投资退出机制；允许企业依托应收（供应链）账款、融资租赁、小额贷款等基础资产发行资产证券化产品；将符合条件的民营企业纳入上市后备资源库，支持民营企业上市融资。

在商业银行信贷方面，加强政策引导，精准实施再贷款、再贴现等货币政策工具，引导金融机构更多关注和了解民营企业，加强针对民营企业的金融创新，加大对民营企业的信贷投放。

四、积极推进、不断加大民营企业金融服务创新

随着民营企业在我国国民经济中的体量和作用的不断增大，民营企业将逐渐成为金融机构开发和服务的重要对象，民营企业金融歧

视现象也将逐渐减少。当前，民营企业面临融资难题，其中的原因之一，就在于原有的金融服务和产品的准入门槛超越了民营企业的能力范围，或者现有的金融服务难以匹配民营企业的需求。

这就需要推进民营企业金融服务创新。其一，通过过程管理降低融前门槛，利用数字技术，开发智能化风控系统，实现筛选、风评、授信、签约、放款、支付、跟踪、回收全流程风险管理，从而降低融前对民营企业的要求。其二，加强民营企业增信产品开发，做实民营企业订单、保单、仓单等权利抵押，深度挖掘民营企业稳定合规的供应链业务，从中开发新型抵押品，通过大数据征信方式为民营企业增信，发展信用保证保险，为民营企业提供征信保护。其三，有针对性地调整还款政策，如允许陷入临时经营困难的民营企业调整还款方式，变更还款内容，按需延期付息，延长还本期限，帮助其脱困。其四，开发面向民营企业的金融衍生品，利用金融衍生品价格发现和风险对冲功能，帮助民营企业对冲市场风险、维护资产安全，在培育专业金融衍生品经营机构时，将服务民营企业作为重要考量因素。其五，鼓励产业链供应链金融创新，整合产业链供应链的资金流、物流、信息流等核心数据，实施全链征信，降低金融机构风险监督成本和损失风险，进而提升链上企业融资易得性，惠及链上所有民营企业。

五、加强监管引导，营造宽松良好的融资氛围

从 2019 年的《中共中央　国务院关于营造更好发展环境支持民营企业改革发展的意见》，到 2023 年的《中共中央　国务院关于促进民营经济发展壮大的意见》，近年来中央出台了多项政策，支持民营企业发展，举措不断升级，支持力度逐步加大。从 2019 年中共中央办公厅、国务院办公厅印发的《关于加强金融服务民营企业的若干意见》，到 2023 年中国人民银行、金融监管总局等八部门联合印发的《关于强化金融支持举措　助力民营经济发展壮大的通知》，对金融支持民营企业发展做出了系统安排。这些政策举措彰显了国家对民营企业发展的顶层设计、对相关机构和行业企业发挥着重要的指引作用。为实现金融助力民营企业发展壮大，需要进一步抓紧这些政策措施的落地落实，并在政策指引下为民营企业营造宽松良好的融资氛围。

首先，相关监管部门对金融机构的监管考核可采取灵活适度原则，应时应势精准调整监管要求，在一定程度内提高监管容忍度，如对于民营企业因国际局势变化、政策调整、极端气候等无法按时按量还款而形成的不良贷款，可放宽金融机构呆账核销监管要求。

其次，开展民营企业金融服务评价，对金融机构服务民营企业情况进行监测，对民营企业从金融机构融资情况进行综合测评，设置奖惩措施，扩大民营企业金融供给规模。

再次，综合实施民营企业融后风险监测，完善民营企业信用和经营信息采集、记录、分析、共享，实施动态风险监测，严惩涉融欺诈、恶意拖欠款等违规违法行为，保护金融机构服务民营企业的积极性。

最后，建立健全民营企业与金融机构的常态化沟通交流机制，搭建有效沟通平台，增进互信和了解，促进形成金融支持民营企业发展壮大的人文基础。

第三章

深化金融改革:
金融高质量发展的动力源泉

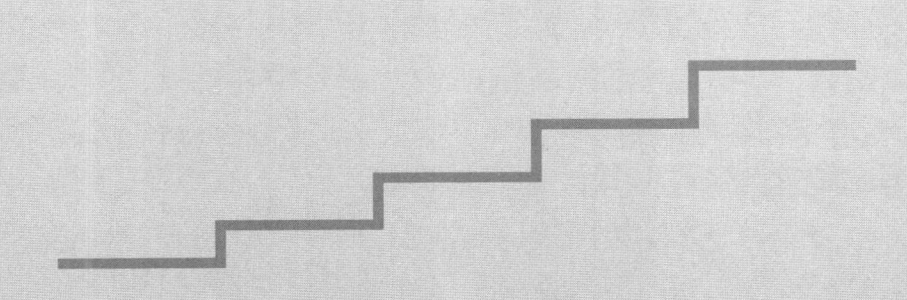

党的十八大以来，以习近平同志为核心的党中央以巨大的政治勇气和智慧，不失时机深化金融改革，下大力气破除一切妨碍金融高质量发展的陈旧思想观念和体制机制弊端，不断推动金融业发展壮大。走中国特色金融发展之路，加快建设金融强国，必须用好改革这关键一招，持续深化金融供给侧结构性改革，为金融高质量发展提供强劲动力。

习近平总书记多次强调深化金融改革，特别是在2019年2月22日主持中共中央政治局第十三次集体学习时明确指出，深化金融供给侧结构性改革必须贯彻落实新发展理念；要以金融体系结构调整优化为重点，优化融资结构和金融机构体系、市场体系、产品体系；要构建多层次、广覆盖、有差异的银行体系；要建设一个规范、透明、开放、有活力、有韧性的资本市场；构建风险投资、银行信贷、债券市场、股票市场等全方位、多层次金融支持服务体系。这为深化金融改革指明了方向。

第一节

深化金融改革推动金融高质量发展的作用机理

一般而言，金融体系制度、金融市场结构、金融基础设施的不完善，必然增大经济运行的金融摩擦，具体表现为政策性扭曲的金融摩擦造成不同企业的融资成本差异，信息不对称的金融摩擦抑制信贷资源的配置效率，不完全契约的金融摩擦导致金融契约事后执行受限。相关研究表明，金融摩擦是发展中国家资源错配的重要来源，从微观角度看，金融摩擦阻碍了资本要素的自由流动，导致金融产品有效供给不足、价格扭曲及市场交易受限，增大了企业的融资成本，扭曲了生产单位之间的要素分配；从宏观角度来看，金融摩擦是形成不同国家全要素生产率差异继而经济发展差距的重要原因。

面对百年未有之大变局带来的新的挑战、新的机遇，以习近平同志为核心的党中央高瞻远瞩地提出深化金融供给侧结构性改革[1]，其核心正是通过深化金融改革减少金融摩擦，有效降低信息不对称和交易成本，稳定经济主体对未来的预期，充分发挥金融对协调重大经济

---

1. 习近平. 深化金融供给侧结构性改革　增强金融服务实体经济能力 [N] 人民日报，2019-02-24（1）.

结构、优化生产力布局、提高人民生活福祉、提升国家竞争力的重要作用，提高全要素生产率，激发经济增长潜能，推动经济和金融高质量发展。

根据新制度经济学理论，有效率的制度降低了不确定性和交易费用，有利于稳定经济主体对未来的预期，避免其追求短期利益最大化的机会主义行为，从而促进经济增长。置诸金融供给侧结构性改革的语境，通过深化金融改革、加大金融制度创新减少金融摩擦，经由以下渠道作用于经济和金融高质量发展。

一、缓解融资约束

融资约束是指由于金融摩擦的存在，企业外源融资成本增大而无法在最优水平下进行投资。融资约束抑制企业的投资与研发创新，影响再生产要素的积累而阻碍经济增长；反之，融资约束降低使得高生产率的企业更容易获得外部融资，改善了企业间的信贷配置，企业间信贷配置效率的改善又弱化了企业投资对总体经济环境的依赖，从而使企业的投资和劳动雇佣对基本面冲击的敏感程度变弱，宏观经济波动率下降。因而，融资约束的缓解是金融高质量发展的题中之义。

金融产品的本质是一种契约，且契约的结构依赖于法律体系、社会习惯和交换中资产标的物的技术特性。金融基础设施和制度越完备，则订立契约的不确定性越小，有限理性的个人在复杂环境中的行为大为简化，交易费用的不断节约意味着经济效率的上升。通过制度创新完善金融体系结构、金融基础设施、金融市场结构，可有效减少金融摩擦，减轻融资约束，推动经济的高质量发展。

其一，根据戈德史密斯提出的金融结构理论，随着经济发展水平的上升，金融市场在金融体系中的角色更为重要。尤其是在发展中国家的技术进步由吸收模仿转向自主创新的过程中，金融机构需要实现从"银行主导"向"市场主导"的转变。提高直接融资比重，无疑有助于优化金融结构体系，打破企业以银行融资为主要渠道的现状，增加长期资金供给，进而改善企业的融资环境，缓解融资约束。[1]

其二，金融基础设施的完善会减缓信息不对称[2]及因此所致的逆向选择和道德风险。金融契约执行成本的下降，企业违约风险、违约损失及企业违约时承担的审计、清算等监督成本所构成的交易成本的下降，带来金融产品定价水平的下降，继而减轻了企业的融资成本；与此同时，由于信息不对称程度的下降，金融机构可有效减少对抵押品的依赖，而不必过度将金融资源配置于第二产业，这有助于推动第三产业及创业创新企业的发展。

其三，优化金融市场结构，积极稳妥推动金融业对外开放，在确保金融安全的前提下降低进入壁垒、健全退出机制、促进良性竞争，可有效缓解融资约束。产业组织理论的市场力量假说认为，在集中度更低的市场中，大型金融机构难以利用其垄断地位、信息优势及隐性的政府担保，通过共谋对贷款定以高价[3]，也难以运用各种手段

---

1. 金融市场通过去中介化降低了企业融资成本。参见：Ron Chernow. *The Death of the Banker: The Decline and Fall of the Great Financial Dynasties and the Triumph of the Small Investor* [M]. London: Vintage, 1997。
2. 例如，对129个国家的合法债权以及私人和公共信贷登记数据的分析表明，法律体系改革、债权人权利和信息共享方面的改善，有利于私人信贷市场的发展。参见：Simeon Djankov, Caralee McLiesh, Andrei Shleifer. Private Credit in 129 Countries [J]. *Journal of Financial Economics*, vol. 84, no. 2, 2007, pp. 299–329。
3. Xavier Freixas, Jean-Charles Rochet. *Microeconomics of Banking* [M]. Second Edition. Cambridge: MIT Press, 2008.

来限制竞争。更为充分的良性竞争可增加企业再融资决策所需的信息分享，促使金融机构放宽抵押物等融资条件，从而有助于减少信贷配给、顺畅企业信贷通路、促进资本积累和产业成长。[1]

其四，建设全方位多层次的金融支持服务体系，以市场需求为导向，积极开发个性化、差异化、定制化产品，有助于更好地满足不同类型市场主体在生命周期不同阶段及不同情境下的融资需求，匹配不同类型金融服务提供者基于不同的风险收益偏好设计的金融产品供给，从而更为有效地缓解融资约束。

二、优化资源配置

通过制度创新完善金融体系结构、金融基础设施、金融市场结构，可有效减少金融摩擦，促进资源优化配置，推动金融高质量发展。

其一，扩大直接融资，可显著提高股权融资比重。研究证明，金融市场上的股权融资方式更适合为技术创新提供金融支持。一方面，股权投资者按持股比例分享企业创新的潜在高额回报，投资者被激励入股并帮助企业分担创新的不确定性；另一方面，创新需要长期而持续的研发资金投入，股权融资的长期性和流动性机制有利于企业从事具有一定风险的技术开发与产品研制，实现技术创新向市场价值的转化。银行缺乏对企业创新提供资金支持的激励，这是因为创新企业往往缺乏可抵押的资产，即便企业研发成功，银行也只能获得固定利息，与自身承担的风险不匹配，故而以银行为主导的间接融资模式难

---

1. Marco Da Rin, Thomas Hellmann. Banks as Catalysts for Industrialization[J]. *Journal of Financial Intermediation*, 2002, vol. 11, pp.366-397.

以形成风险共担、利益共享的市场化融资机制。从实践来看，金融市场尤其是股权市场在支持根本性、颠覆式的创新方面更有优势，而信贷市场在支持渐进性的技术改良方面更有优势。创新早期，来源于资本市场的金融契约与创新活动有更高的契合度，即允许短期内试错和包容失败，长期内又给予成功高额的回报[1]；当创新获得市场认可之后，其扩散就需要与银行信用相对应的生产资本的投入，在金融资源的推动下，新的"技术－经济"范式得以生成[2]，主干创新衍生出诸多次级创新，从而带来产业的繁荣和财富的积累。随着经济增长模式由"要素投入型"向"创新驱动型"转变，提高股权融资比重无疑更有利于优化金融资源配置。

其二，完善金融市场基础设施，有助于提高金融资源配置效率。资源错配的重要原因之一，在于金融基础设施不完善，而完善的金融基础设施有助于推动要素价格市场化、提升金融契约效率。因而，要缓解资源错配，首先要从完善征信机制、监管法规、会计审计制度及提高司法执行效率等方面推动金融基础设施建设。伴随着金融基础设施的不断完善，金融市场能够通过价格信号、信息披露和收购威胁提供更有效的信息，同时将信息有效地传递给投资者。作为企业的间接融资渠道，金融机构由于信息不对称及交易成本下降，在增大信贷融资可得性的同时，贷款管理流程更为透明高效，从而倒逼企业提高经营管理质量与资源利用效率；作为企业的直接融资渠道，金融市场要

---

1. Gustavo Manso. Motivating Innovation[J]. *Journal of Finance*，2011，vol.66，no.5，pp.1823-1860.
2. 卡萝塔·佩蕾丝. 技术革命与金融资本：泡沫与黄金时代的动力学［M］. 田方萌，胡叶青，刘然，等. 译. 北京：中国人民大学出版社，2007.

求上市企业披露信息，其本质是对企业进行动态监督，实现对企业信息的有效揭示，并显著降低投资者获取信息的成本，这将有助于提升企业创新效率和创新能力。

其三，金融市场结构的改善，良性竞争的有效推进，有助于金融资源从低效率部门转移至高效率部门，继而促进产业结构升级。竞争是提高资源配置效率的应有之义。研究表明，大力发展中小微型银行、优化银行业结构，有助于改善金融资源配置效率扭曲，而伴随着直接融资的大力发展，资本市场参与主体之间的竞争促使更多的金融资源流向以科技、知识、技术、数据等要素为核心的新经济产业，从而提高金融资源配置效率，促进全要素生产率的提升。

其四，构建风险投资、银行信贷、债券市场、股票市场等全方位、多层次金融支持服务体系，为把有限的金融资源高效配置到符合长远发展的关键领域、关键产业以及薄弱行业，使资金更多流向科技创新、绿色发展，更多流向中小微企业、个体工商户、新型农业经营主体，实现金融和经济可持续发展创造了条件、夯实了供给基础。

三、化解金融风险

历次金融危机一再表明，当金融体系摩擦剧烈增加时，就会导致金融体系不稳定。不稳定的金融体系将无法为良好的投资机会有效提供融资渠道，最终会使经济体系经历严重的衰退。金融加速器理论就认为，金融摩擦越大，冲击的乘数效应就越强，即使一个微小的冲击，经过金融市场传导后也会导致经济的剧烈波动。经济繁荣期过度负债形成的金融脆弱性、信贷周期的静态和动态乘数效应、外部融资溢价与金融摩擦间的非线性函数关系，以及预期通过金融渠道的自我实现等等，都有可能形成冲击的放大机制，继而形成系统性金融风险，危及金融稳定。

完善金融体系结构、金融基础设施、金融市场结构，有助于防范化解金融风险，推动金融高质量发展。

其一，提高直接融资比重，大力发展金融市场，运用金融市场的风险分散机制为投资者提供大量、多样化的金融资产和衍生金融工具；投资者可根据自身的风险偏好进行风险互换、管理投资组合。尽管这样并不能从总体上消除风险，但能够实现风险在不同风险承受能力投资者之间的重新分配。[1]尤其是在支持创新方面，金融作为社会资源配置的枢纽，既能为科技创新活动提供资金支持，又能为规避化解创新风险提供金融工具和制度安排。[2]不仅如此，资本市场的深度

---

1. 例如，默顿和博迪认为，金融市场通过分拆股票分散了信贷风险，可用于对冲高风险投资的衍生产品。参见：Robert C. Merton, Zvi Bodie. A Conceptual Framework for Analyzing the Financial Environment. Chap. 1[M]//*The Global Financial System: A Functional Perspective*, by Dwight Crane, Kenneth A. Froot, Scott P. Mason, André Perold, Robert C. Merton, Zvi Bodie, Erik R. Sirri, and Peter Tufano. Boston: Harvard Business Review Press, 1995, pp.3-31.
2. 运作良好的金融市场通过其刺激技术创新的能力在推动经济增长方面发挥着核心作用，且融资创新本身也是金融市场影响技术发展的重要渠道。近十年来的文献亦开始关注金融市场是否以及如何积极地塑造研发的性质，以及这将如何通过塑造跨公司开发的想法来影响技术创新和增长。参见：Po-Hsuan Hsu, Xuan Tian and YanXu. Financial Development and Innovation: Cross-country Evidence [J]. *Journal of Financial Economics*, 2014, vol. 112, no. 1, pp.116-135; Bronwyn H. Hall, Josh Lerner. The Financing of R&D and Innovation [M]// *Handbook of the Economics of Innovation*, eds. Bronwyn H. Hall, Nathan Rosenberg, Netherlands: Elsevier, 2010, pp.609-639; Ufuk Akcigit, William R. Kerr. Growth through Heterogeneous Innovations [J]. *Journal of Political Economy*, 2018, vol. 126, no. 4, pp.1374-1443。

发展，也有助于降低溢出风险。[1]

其二，金融产品生产和交易过程中涉及远比其他行业更为密集和复杂的契约安排，在市场交易中更容易出现"信息不对称"和"道德风险"问题，而诸如信用基础设施、司法体系、信息披露、监管机制、支付清算、会计审计等市场基础制度，尤其是与投资者保护相关的制度安排[2]，是维护契约良好执行、提振投资人信心和交易意愿、防范化解风险的基础。

其三，实践表明，市场约束效能的充分发挥主要依托于良性的竞争环境。优化金融市场结构和竞争制度，培育良性竞争环境，维护金融市场的公平竞争平台，可有效地平衡金融创新、经济效率和可持续增长的关系，更可有效缓解"大而不倒"的道德风险以及大型金融机

---

1. 国际货币基金组织的研究表明，国内金融市场更为深化和发达、投资者保护和公司治理更强大的司法辖区，受溢出效应的影响更小。参见：International Monetary Fund. How Do Changes in the Investor Base and Financial Deepening Affect Emerging Market Economies [R]//*Global Financial Stability Report*, 2014; International Monetary Fund. Corporate Governance, Investor Protection and Financial Stability in Emerging Markets [R]//*Global Financial Stability Report*, 2016。
2. 例如，约翰逊等认为，与股东保护有效性相关的公司治理措施，比标准宏观经济措施更好地解释了货币贬值和危机中股市下跌的程度。参见：Simon Johnson, Peter Boone, Alasdair Breach, Eric Friedman. Corporate Governance in the Asian Financial Crisis [J]. *Journal of Financial Economics*, 2000, vol. 58, no. 1-2, pp.141-186。布莱克亦主张，如果一个国家能够强有力地保护中小股东免受自我交易（self-dealing）的伤害，就可以维持没有任何收购要约规则或惯例的强大证券市场，极大地降低控制权变更带来的自我交易风险。作为证券市场中典型的逆向选择/道德风险问题，自我交易可分为直接自我交易和间接自我交易，前者指公司从事不公平的交易，以使公司内部人、其亲朋或内部人控制的另一家公司中饱私囊；后者又称为内幕交易，是指内部人利用公司的有关信息与不太知情的投资者交易。参见：Bernard S. Black. The Legal and Institutional Preconditions for Strong Securites Markets [J]. *UCLA Law Review*, 2001, vol. 48, no. 4, pp.781-855。

构与其他金融机构的系统关联性所放大的负面冲击[1]，遏制系统性风险和亲周期效应，保障金融稳定和金融安全。

其四，根据马科维茨的投资组合理论，通过资产配置的方法进行投资，可有效降低风险、确保稳健收益。建设全方位多层次的金融支持服务体系，极大地丰富金融产品供给，为运用各种金融工具和分析方法，对市场趋势进行合理分析和判断，结合投资偏好合理有效地配置投资资产，规避投资风险奠定了坚实基础，有助于从微观层面更好地防范化解金融风险。

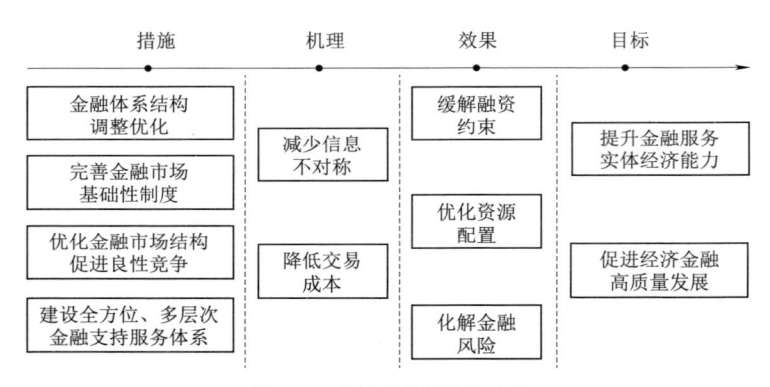

措施	机理	效果	目标
金融体系结构调整优化	减少信息不对称	缓解融资约束	提升金融服务实体经济能力
完善金融市场基础性制度			
优化金融市场结构促进良性竞争	降低交易成本	优化资源配置	促进经济金融高质量发展
建设全方位、多层次金融支持服务体系		化解金融风险	

图 3-1　金融供给侧结构改革

---

1. Frederic S. Mishkin. Financial Consolidation: Dangers and Opportunities[J]. *Journal of Banking and Finance*, 1999, vol.23, pp.675-691.

第二节

深化金融供给侧结构性改革，加快建设中国特色现代金融体系

2024年1月16日，习近平总书记在省部级主要领导干部推动金融高质量发展专题研讨班开班式上发表重要讲话强调，必须加快构建中国特色现代金融体系，建立健全科学稳健的金融调控体系、结构合理的金融市场体系、分工协作的金融机构体系、完备有效的金融监管体系、多样化专业性的金融产品和服务体系、自主可控安全高效的金融基础设施体系。在新的时代新的发展阶段，经济发展由高速度向高质量转变，需要金融相应做出调整；建设现代化经济体系，需要现代金融体系相匹配；着力加快建设实体经济、科技创新、现代金融、人力资源协同发展的现代化产业体系，需要金融密切配合；社会主要矛盾的变化，要求不断满足人民日益增长的金融服务需要，同时解决金融发展不平衡不充分的问题。要达成这样的目标、完成这些任务，就必须全面深化金融供给侧结构性改革。

一、建立现代金融体系是建设现代化经济体系的内在需要

党的十九大报告提出，"贯彻新发展理念，建设现代化经济体

系"。现代化经济体系的核心在于，通过构建市场机制有效、微观主体有活力、宏观调控有度的经济体制，建立实体经济、科技创新、现代金融、人力资源协同发展的产业体系，从而实现质量第一、效益优先，持续提高全要素生产率。现代金融体系是现代化经济体系的重要构成部分，也是现代化经济体系的重要标志，对现代化经济体系的运行效率具有重要影响。建立现代金融体系，是建立现代化经济体系的迫切需要。

金融是现代经济的核心，是国民经济的血脉，金融体系是经济体系的重要构成部分，只有构建了现代金融体系，现代化经济体系才是一个完整、全面的体系。一方面，金融机构不仅为各类市场经济交易主体提供资金存储和放贷的金融中介服务，降低"搜寻成本"[1]和"交易成本"[2]，而且为各类市场经济交易主体生产信息、提供信息[3]，在市场主体中具有不可或缺的地位；另一方面，金融市场是市场体系的主要构成部分，各类市场、各类行业的资金融通主要通过金融市场来完成交易和流通。因此，作为现代化经济体系的主要构成部分，现代金融体系必不可少。

金融体系是经济体系现代化程度的重要标志，只有建立了现代金融体系，现代化经济体系才可能初步建立。这主要体现在：金融体系

---

1. Goodhart, C.A.E., *Money, Information and Uncertainty* [M]. Second Edition. Cambrige: MIT Press, 1989.
2. Chant, J., The new theory of financial intermediation [M]//*Current Issues in Financial and Monetary Economics*, Kevin Dowd and Mervyn K. Lewis, London: Palgrave Macmillan, 1992, pp.42-65.
3. Chan, Y.S., On The Positive Role Financial Intermediation in Allocation of Venture Capital in a Market with Imperfect Information[J], *Journal of Finance*, 1983, vol.38, pp.154-156.

特别是货币市场和资本市场（包括股票市场、债券市场等）的市场化程度最高，而市场化是现代化经济体系的重要标志；而且金融体系与其他经济体系或市场相比，信息化最充分，现代化经济体系的核心功能之一就是解决信息不对称问题、降低交易成本。因此，作为现代化经济体系的重要标志，现代金融体系不可或缺。

现代金融体系对现代化经济体系的运行效率具有重要影响，只有建立了现代金融体系，现代化经济体系效率才能得到提高。这是因为，金融体系生产信息，例如价格信息（商品现货价格、期货价格，甚至企业价格），这些信息决定着经济体系的交易效率；同时，金融体系与各个行业、各个企业，甚至每个人都有经济交易联系，金融体系运行效率决定着支付效率和资金周转速度，影响着经济体系交易风险和信用风险的程度，进而影响经济体系中各类经济活动的完成速度，影响经济体系运行的稳健程度。因此，为了保障现代化经济体系的运行效率，必须加快建立现代金融体系。

二、建立现代金融体系是金融高质量发展的客观需要

党的十九大报告强调，"我国经济已由高速增长阶段转向高质量发展阶段"；党的二十大报告提出，"高质量发展是全面建设社会主义现代化国家的首要任务"，要"推动经济实现质的有效提升和量的合理增长"。经济高质量发展的重要标志之一就是高质量的创新。现代金融体系的运行效率，很大程度上决定着创新项目的融资速度和完成速度，决定着经济发展的质量水平。金融体系发展水平对企业的技术创新及投资行为具有重要影响，有时甚至决定着创新项目的质量、风险和成败。

相关研究文献从金融规模、金融制度、金融结构等角度，分别从微观企业创新投资、产业创新活动金融需求和宏观经济增长中金融与技术的关系等层面，论证了金融发展的技术创新助推效应。有学者认为，银行信贷为企业技术创新提供了支付服务，从而便利了企业家的创新活动；从微观企业创新到经济结构升级，需要金融体系来推动，银行系统信用的扩张及收缩是导致经济活动结构重大转变的核心机制。[1]

还有学者总结出金融推动技术创新的三种机制：一是金融机构对企业家进行的风险性创新活动开展评估和提供融资，进而对技术创新产生筛选作用和推进作用；二是金融机构评估技术创新所产生的成本，随着金融发展和体系壮大而逐渐降低，进一步促进技术创新和长期经济增长；三是在消费效用非线性函数假设下，金融体系使得创新活动的风险得到分散，从而促进企业的技术创新。[2]

在金融结构方面，相关研究指出，风险相对较低的成熟稳定行业的技术创新更适合银行融资，风险较高的前沿性创新行业的技术研发更适合金融市场融资。[3,4] 此外，还可以通过金融利率调整影响企

---

1. Schumpeter J. *Capitalism, Socialism and Democracy*[M]. New York: Harper Perennial, 1962.
2. King, R. and R. Levine. Finance and Growth: Schumpeter Might Be Right[J]. *Quarterly Journal of Economics*, 1993, vol.108, pp. 717-773.
3. 林毅夫，孙希芳，姜烨. 经济发展中的最优金融结构理论初探［J］. 经济研究，2009（8）.
4. 龚强，张一林，林毅夫. 产业结构、风险特性与最优金融结构［J］. 经济研究，2014（4）.

业技术创新投资的资金成本，从而实现对技术研发的助推效应。[1]建立现代金融体系就是通过完善金融制度、优化金融结构、改进金融机制，最大程度地提高金融体系对航天、网络、交通、数字、智慧、智能等前沿引领创新项目的筛选效率，提高对中小企业创新的支持效率，提升科技成果转化效率。

三、建立现代金融体系是建设金融强国的迫切需要

党的二十大报告提出了全面建成社会主义现代化强国的总的战略安排：从二〇二〇年到二〇三五年基本实现社会主义现代化；从二〇三五年到本世纪中叶把我国建成富强民主文明和谐美丽的社会主义现代化强国。显而易见，现代化强国必须首先是一个金融强国。

从国际经验来看，世界性的现代化强国都是金融强国。世界性的现代化强国，如美国、德国、英国、日本、法国等国家，都具有强大的现代金融体系，都拥有世界性的金融中心，聚集了大量金融机构和相关金融服务产业，全面集中地开展国际资本借贷、股权融资、债券发行、外汇交易、保险等金融服务，并且能够辐射和影响其他国家的城市或地区。美国的纽约、英国的伦敦、日本的东京、德国的法兰克福等城市，都是国际金融中心，拥有现代化的金融体系。我国在建设社会主义现代化强国的过程中，有必要在保持香港国际金融中心地位的基础上，加快建设上海、深圳、北京等国际或国内金融中心，构建现代金融体系。

---

1. Lin, J. Y., X. Sun, and Y. Jiang. Endowment, Industrial Structure and Appropriate Financial Structure: A New Structural Economics Perspective[J]. *Journal of Economic Policy Reform*, 2013, vol. 16, no. 2, pp. 1-14.

事实证明，一国拥有强大的现代金融体系，可以在全球范围内拥有具备较大影响力的定价权和交易权，在全球经济往来中拥有话语权，而这决定着一国在全球中的位置和格局，决定着一国能否公平地从经济全球化、金融全球化的进程中获得自身利益，决定着一国在全球经济中的强大程度。不难看出，美国拥有全球最现代化的金融体系和金融市场，利用其金融与资本实力，美国在全球商品与服务特别是大宗商品的价格上，具有非常大的影响力和话语权。

我国已经是一个金融大国，无论是金融机构的数量、金融体系的规模，还是金融市场的交易量、外汇储备水平等都居世界前列。但我国金融服务实体经济的能力和水平、金融监管能力和风险防控能力、金融创新能力等都还不强。必须通过打造现代金融体系，建设金融强国。

四、建立现代金融体系是建立现代化产业体系的客观需要

党的十九大报告提出，"着力加快建设实体经济、科技创新、现代金融、人力资源协同发展的产业体系"。党的二十大报告强调"建设现代化产业体系"。金融体系的现代化程度，在很大程度上决定着实体经济、科技创新、现代金融、人力资源这一现代化产业体系的协同程度。一方面，金融是实体经济的润滑剂，现代高效的金融体系有利于提升实体经济的效率；另一方面，金融机制对科技创新具有重要影响，对科技项目转化和技术进步具有重要作用；再一方面，金融体系的效率对创新人才、管理人才的才能发挥具有显著的影响。因此，建立协同的现代化产业体系，需要建立高效、创新的现代金融体系。

第三节

中国特色现代金融体系的本质特征

中国特色现代金融体系之所以称为"中国特色",之所以称为"现代",在于其具有如下突出特征。

一、政治性

坚持党对金融工作的集中统一领导,心怀"国之大者",做好新形势下各项金融工作。

一是要深刻认识到坚持党对金融工作全面领导的极端重要性,提高政治站位,心怀"国之大者",厚植"金融报国"情怀。深入学习贯彻习近平总书记关于金融工作的系列重要论述,不断提高政治判断力、政治领悟力、政治执行力,适应新时代新形势新要求,强化金融改革政治担当,系统推进金融改革发展稳定工作,不断提高金融治理体系和治理能力现代化水平,坚定不移走中国特色金融发展之路。

二是要毫不动摇地坚持党的全面领导,旗帜鲜明地加强党的全面领导。把党的领导融入金融机构公司治理各个环节,明确和落实党组织在公司法人治理结构中的法定地位,进一步完善中国特色现代金融企业制度，旗帜鲜明地突出党组织领导作用，实现党发挥作用的组织化、制度化、具体化，充分发挥党委把方向、管大局、促落实的作用，真正把党的领导这一政治优势和我国社会主义制度优势，转化为金融企业经营发展优势和治理效能。

三是要坚持党管金融干部原则，树立正确的选人用人导向，加大优秀年轻金融干部培养力度，培养、选拔、打造一支政治过硬、作风优良、精通金融工作的干部队伍。强化对权力运行的制约和监督，构建一体推进不敢腐、不能腐、不想腐体制机制，确保金融企业稳健经营。

四是坚持全面覆盖抓党建、以上率下抓党建、创新思路抓党建，推动金融机构党建工作与公司治理深度融合，与业务工作同频共振、相融互促，在党建引领中筑牢金融发展之基。坚持全面从严治党，强化对"一把手"和领导班子等"关键少数"的监督，探索建立一体推进惩治金融腐败和防控金融风险相关机制。

二、人民性

中国式现代化始终坚持"以人民为中心"的价值导向，金融体系理当深入贯彻以人民为中心的发展思想，这是中国特色金融发展之路与西方金融逻辑的本质区别。"文明进步，群治日新，必借鉴于古先，乃可求其幸福。"[1] "以人民为中心"既是源于"民为邦本"的中华传统文化，又是对马克思主义基本立场的进一步阐发——"马克思主义第一次站在人民的立场探求人类自由解放的道路，以科学的理论为最终

---

1. 王栻. 严复集（第2册）[M]. 北京：中华书局，1980：271.

建立一个没有压迫、没有剥削、人人平等、人人自由的理想社会指明了方向。"[1]

习近平总书记明确要求，"必须坚持发展为了人民、发展依靠人民、发展成果由人民共享，作出更有效的制度安排，使全体人民在共建共享发展中有更多获得感"[2]，要"深刻认识人民对美好生活的向往，增强解决发展不平衡不充分问题的针对性"[3]，要"让发展成果更多更公平惠及全体人民"[4]。这就要求金融机构想人民所想，解人民所难，"要始终坚持以人民为中心的发展思想，推进普惠金融高质量发展，健全具有高度适应性、竞争力、普惠性的现代金融体系，更好满足人民群众和实体经济多样化的金融需求，切实解决贷款难贷款贵问题"[5]，解决"特别需要支持的一些'三农'、小微、科技、创新企业等国民经济的薄弱环节和重点领域尚未得到充分支持"[6]等问题，用金融服务化解社会痛点和百姓难点，担当社会责任，为人民美好的金融生活添砖加瓦。

"以人民为中心"，不仅惠及中国人民，而且兼济人类命运共同体。"九族既睦，平章百姓，百姓昭明，协和万邦，黎民于变时雍"（《尚书·尧典》），中华民族治国理念中一直都保持着"天下大同"的

---

1. 十九大以来重要文献选编（上）[M].北京：中央文献出版社，2019：424.
2. 习近平.全党必须完整、准确、全面贯彻新发展理念[J].求是，2022（16）.
3. 习近平.新发展阶段贯彻新发展理念必然要求构建新发展格局[J].求是，2022（17）.
4. 习近平出席中国共产党与世界政党领导人峰会并发表主旨讲话[N].人民日报，2021-07-07（1）.
5. 习近平主持召开中央全面深化改革委员会第二十四次会议强调　加快建设世界一流企业　加强基础学科人才培养[N].人民日报，2022-03-01（1）.
6. 黄益平，王勋.读懂中国金融：金融改革的经济学分析[M].北京：人民日报出版社，2022：83.

基因。习近平总书记主张,"不断以中国新发展为世界提供新机遇,推动建设开放型世界经济,更好惠及各国人民"[1],要致力于与有关国家"加强合作,实现道路联通、贸易畅通、资金融通、政策沟通、民心相通,共同打造开放合作平台,为地区可持续发展提供新动力"[2]。金融体系在中国式现代化建设进程中,肩负着以金融促进和平发展的重任,必须持续稳步扩大金融业双向开放,稳步推进人民币国际化,创新外汇储备多元化运用,不断完善人民币跨境支付系统,加大金融支持"一带一路"建设力度,积极参与全球经济金融治理,形成系统性、制度性开放局面,扎实牢筑金融安全网,为开放之路保驾护航。

三、安全性

党的二十大报告明确提出,"深化金融体制改革,建设现代中央银行制度,加强和完善现代金融监管,强化金融稳定保障体系,依法将各类金融活动全部纳入监管,守住不发生系统性风险底线"。确保金融体系的安全性,要从宏观政策和微观管理两个层面着手。

宏观政策层面,跨周期与逆周期宏观调控政策要有机结合,进一步健全货币政策和宏观审慎政策双支柱调控框架,加强系统重要性金融机构和金融控股公司的监管,抓实化解地方政府隐性债务风险工作,健全防范化解风险长效机制;健全金融风险预防、预警、处置、问责制度体系,加强跨行业、跨市场、跨区域金融风险识别和预警,密切关注可能爆发的全球经济衰退、金融危机的外溢效应及突发冲

---

1. 习近平. 高举中国特色社会主义伟大旗帜 为全面建设社会主义现代化国家而团结奋斗——在中国共产党第二十次全国代表大会上的报告[J]. 求是,2022(21).
2. 习近平谈"一带一路"[M]. 北京:中央文献出版社,2018:73.

击，着力降低信用风险，维护股市、债市、汇市平稳运行；完善存款保险早期纠正机制，完善高风险金融机构市场化法治化退出机制，筑牢金融安全网；完善及顺畅金融稳定保障基金管理运作，重视提高金融领导干部统筹金融发展和金融安全能力，落实地方党政主要领导负责的财政金融风险处置机制，形成全国一盘棋的金融风险防控格局。

微观管理层面，增强忧患意识和底线思维，高度关注经济与金融面临的巨大不确定性，以及境内外监管持续趋严等带来的挑战和风险，提高风险预见预判能力，对重大风险因素设置防线，对风险动荡源、传染点、传导链、影响面做到心中有数，建立产品全生命周期风险评估与审查机制，对各类风险传导保持高度警惕并建立阻断机制，不断完善全面主动智能的风险管理体制机制，提升风险防控的制度保障、科技支撑和管理能力，坚决守住不发生系统性风险底线。

四、有效性

金融体系要提高实体经济服务质效，要以建设金融市场体系[1]为纲，重点是破解市场分割和定价机制扭曲。[2]

一是在健全现代中央银行制度、确保货币政策稳健中性、信贷合理充裕的同时，继续推进金融要素市场化改革，完善反映市场供求关系、金融资源稀缺程度、金融生态成本的金融生产要素价格形成机制，优化以公开市场操作利率为短期政策利率和以中期借贷便利为中

---

1. 麦金农（Mckinnon）和肖（Shaw）提出的"金融深化"理论指出，金融深化有三个层次：一是金融增长，即金融规模不断扩大；二是金融产品、金融机构的逐渐优化；三是金融市场（价格）机制的逐步完善，使得金融资源在市场机制下得到优化配置。
2. 徐忠. 新时代背景下中国金融体系与国家治理体系现代化[J]. 经济研究，2018（7）.

期政策利率的中央银行政策利率体系，健全利率走廊机制，稳步推进利率、汇率等金融要素市场化改革，增强货币政策操作的规则性和透明度，有效管理和引导预期。

二是健全资本市场功能，提高直接融资比重，拓宽资金包容度和覆盖面，形成适应不同类型、不同发展阶段企业差异化融资需求的多层次资本市场体系，充分发挥资本市场在资源配置、风险缓释、政策传导、预期管理等方面独特而重要的功能，将不同风险偏好、期限的资金更为精准高效地转化为资本，促进要素向最具潜力的领域协同集聚，提高资本要素质量和配置效率，推动产业基础高级化、产业链现代化。

三是要切实降低实体经济融资成本。通过加大对现代金融技术的应用，加快金融基础设施建设，减少信息不对称，降低金融服务实体经济的交易成本。[1] 同时，面对"需求收缩、供给冲击、预期转弱"三重压力，金融机构尤其要着眼于为实体经济减负让利，对受外部冲击较大的行业和中小微企业，要从供给端入手，满足企业融资需求，与企业共渡难关。

四是要优化金融资源配置，培育经济增长新动能。提升政策性金融支持国家战略的能力；在发挥传统优势支持新型基础设施、新型城镇化以及交通、水利等重大工程等基础设施建设的同时，加大对制造强国、质量强国、航天强国、交通强国、网络强国、数字中国等

---

1. 近年来，降低企业融资成本取得明显进展。2023年1月至9月，新发放企业贷款加权平均利率为3.91%，比2022年同期下降0.32个百分点，其中9月份企业贷款加权平均利率为3.82%，处于历史最低水平。——国务院关于金融工作情况的报告（2023年10月21日在第十四届全国人民代表大会常务委员会第六次会议上）。

领域的金融资源投入和支持力度；在为持续推动西部大开发、东北振兴、中部崛起及相对薄弱区域发展战略提供金融支持的同时，支持京津冀、长三角、大湾区、长江经济带、成渝经济圈等区域新的经济增长动能的培育，助力深化改革和产业升级。

五、创新性

一是着眼于强化国家战略科技力量，积极满足各类科创主体融资需求，以科技金融创新推动科技创新、技术进步、产业升级和产业迭代。按照习近平总书记提出的"要适应发展更多依靠创新、创造、创意的大趋势，推动金融服务结构和质量来一个转变"[1]的要求，"加强和改善对企业技术创新的金融服务，加大资本市场对科技型企业的支持力度"[2]，包括：发挥股权资本促进创新的作用，加快培育形成各具特色、充满活力、市场化动作、专业化管理的创业投资机构体系，形成科研、产业、金融三者的良好循环；创新运用投贷联动、投保联动、投债联动、科创基金等多种方式，创新优化知识产权融资产品，为科创企业提供全链条、全生命周期一揽子金融服务；加大对"卡脖子"等关键领域以及战略性新兴产业、现代服务业和数字经济等新动能的支持力度，从过去单一为客户服务转向为供应链、产业链集群客户服务，通过供应链金融、产业链资本、生态链基金等产融结合的创新，有效整合传统与非传统金融资源，推动产业结构升级，提升国内

---

1. 习近平. 深化金融供给侧结构性改革　增强金融服务实体经济能力［N］.人民日报，2019-02-24（1）.
2. 中共中央文献研究室. 习近平关于科技创新论述摘编［M］.北京：中央文献出版社，2016：59.

企业在全球价值链中的地位。

二是着眼于碳达峰、碳中和目标，推动数字绿色金融服务创新，通过大数据、机器学习、人工智能、区块链、物联网等技术支持，强化"环境、社会责任和公司治理"信息披露，运用多维数据评估环境和气候风险，加大支持新能源、绿色交通、传统产业降能耗减排放改造升级的力度，支持碳市场基础设施建设，推动资源集约、管理协同和智慧运营，全面推进绿色信贷、绿色基金、绿色债券、绿色租赁等绿色金融业务的创新与拓展，引导社会资金有序流向绿色低碳领域。

三是着眼于居民财富管理需求，差异化创新金融产品。规范引导各类财富管理机构从产品、服务、资金投向和准入门槛等方面进行多领域、多模式的产品创新，融合海量金融数据资产要素，全面布局大数据、区块链、人工智能领域，全面支持客户营销、产品创新、风险控制、内部管理、生态建设等多领域智能化创新，全面优化客户体验，满足不同细分市场客户群体的理财需求。

六、规范性

规范性强调的是法治化，它是现代金融运行的重要基石。金融活动建立在财产权益跨期处置的合约之上。金融收益的不确定性决定了它更要有契约精神，更需要法律保护；只有在完善的法治环境中，金融才能有序、健康地发展。党的十八届四中全会提出了凡属重大改革都要于法有据的原则，金融改革方案和金融改革措施要同步考虑金融改革涉及的立法问题，做到金融改革于法有据。完善金融法律法规、有效实施各项法律法规、自觉运用法治思维和法治方式，是推进金融改革、促进金融发展的根本途径和基本方法。

现代金融体系的规范性、法治化表现在：一是建立公平、清晰的法律制度，使金融交易规则明确、交易机会公平开放、风险责任和权利界定清晰，在发生金融风险和金融契约纠纷时有法律作为裁决准绳，并且这一套法律体系能随着金融发展及时更新；二是建立公正、严谨的执法程序，使金融风险事件能够及时得到客观、公正的裁决，对违反规则、造成风险的行为追究相应的法律责任；三是发生金融风险事件和系统性金融风险时，根据法律和契约约束，责任主体能够公平地承担风险损失。落实金融规范性、法治化的要求，要从规范金融机构行为向规范同类金融业务转变，要按直接金融、间接金融、债权、股权、信托、保险等各类不同财产关系、法律关系制定金融行为规则；要规范从针对机构的监管转向主要针对金融业务的监管，用业务牌照的方式确定监管主体，协调统一监管标准；要厘清市场主体风险控制与市场外部性控制的边界，减少不当监管，激发金融机构活力。

七、开放性

坚持市场化、法治化、国际化原则，建设更高水平开放型金融新体制，实现由商品和要素流动型向规则等制度型开放转变。全面落实准入前国民待遇加负面清单制度，推动系统化、制度化开放；深入推进实施公平竞争政策，依法依规支持符合条件的各类资本进入金融业，做到机会平等、公平进入、有序竞争，促进各类资本良性发展，激发市场主体竞争和创新活力；稳慎推进人民币国际化，发挥市场供求在汇率形成中的决定性作用，保持人民币汇率弹性和在合理均衡水平上的基本稳定；巩固香港国际中心地位，扩大内地与香港市场的互联互通，进一步丰富互联互通投资品种，便利境内外投资者参与内地和香港两个资本市场，提升境内资本市场制度型开放水平；强化离岸人民币业务中心优势，推动市场提供更多以人民币计价的投资工具，以及稳妥高效的汇兑、汇率风险和利率风险管理服务；开展本币互换，维护区域金融稳定；坚持扩大开放与维护金融安全并重，不断提高开放条件下经济金融管理能力和防控风险能力，继续建立健全"宏观审慎＋微观监管"两位一体管理框架，在有效防范风险的前提下，稳妥推进资本项目开放，保留适当的跨境资本管制，尤其是对跨境银行借贷、地下渠道资本流动、衍生品跨境流动等高风险科目的管控；切实推进金融创新，创新国际化的融资模式，深化金融领域合作，打造多层次金融平台，建立服务"一带一路"建设长期、稳定、可持续、风险可控的金融保障体系；深度参与国际金融规则的完善与制定，推动全球经济金融治理机制变革，推动境内外各类金融基础设施互联互通，不断完善适应金融双向开放的制度体系，形成金融制度性、系统性高水平开放新格局。

第四节

深化金融供给侧结构性改革的着力点

金融供给侧结构性改革内涵丰富、任务艰巨，是一个庞大的系统工程，其着力点至少应包括以下几个方面。

一、完善金融体系制度建设

完善金融体系制度建设，逐步由目前的间接融资为主转向直接融资与间接融资并重。当下的要务，是拓宽直接融资渠道，提高直接融资比重，建设规范、透明、开放、有活力、有韧性的资本市场，有效发挥其市场融资、价格发现和资源配置功能。习近平总书记强调，深化金融供给侧结构性改革"要以金融体系结构调整优化为重点"，"更好发挥资本市场枢纽功能"。

据此，要充分发挥资本市场在金融运行中所具有的牵一发而动全身的作用，促进股票市场创新与规范，针对不同类型企业在不同阶段的融资需求，大力发展包括首次公开发行、二级市场融资、种子基金、天使基金、风险投资、私募股权基金等在内的多样化的股权融资方式；丰富债券市场产品和层次，促进债券市场高质量发展；大力发展长期机构投资者，切实放宽养老基金、保险基金、各类社会保障资金等机构投资者进入市场的门槛，使机构投资者成为市场的主导力量。公开透明、健康发展的资本市场不仅是宏观经济的"晴雨表"，而且是产业整合、升级的"助推器"，更是创业创新的"孵化器"。在健全资本市场功能的过程中，尤其要重视新经济产业发展的需求，增强对创新企业的包容性和适应性，基于科创板探索技术市场化定价模式，引导资金向优质的科技创新企业集聚，推动以技术升级为主要依托的企业获得高质量发展，助推实体经济转型升级。

二、完善金融市场基础性制度

完善金融市场基础性制度，为有效减少金融摩擦、提高金融服务实体经济质效奠定基础。

一是构筑由市场供求决定的利率形成机制，有序解决利率双轨制和定价失灵问题，更好地发挥资金价格在优化金融资源配置中的作用。加大国债市场改革的深度和广度，形成健全的、能够反映市场供求关系的国债收益率曲线；进一步完善利率走廊机制，缩窄利率波动区间，形成公开、透明、可信的能够真正稳定预期的利率走廊操作框架，结合日常的公开市场操作，有效开展利率引导，稳定市场预期，为实体经济的转型升级营造平稳政策环境。在此基础上，疏通政策利率向商业银行贷款利率的传导机制，尤其是向中小微民营企业、科创企业和三农部门的传导。

二是完善资本市场基础性制度，把好市场入口和市场出口两道关，完善退市制度，加强对交易的全程监管，推动股票发行注册制走深走实，发展多元化股权融资，大力提高上市公司质量，培育一流投资银行和投资机构，以更完善的准入和淘汰机制提升资本市场的活力；注重市场板块层次定位，设置灵活的转板机制，吸引长期稳定资金；完备法律体系，公正司法程序和裁判执行系统，严格信息披露，完善市场合理估值体系，发挥资本市场的中介功能，引导资金参与长期投资，构建明确、专业的问责机制、集体诉讼制度、辩方举证制度以及和解制度等，推动形成公权力他律、市场自律相得益彰的市场秩序，通过稳定健康的资本市场，为实体经济的发展提供融资渠道、价格发现机制、风险分担机制以及有效的外部治理机制。

三是进一步加快信用基础设施建设及信用增进机制建设。依托大数据、云计算、区块链以及人工智能等现代科技手段，稳步推进金融业关键信息基础设施国产化，推动形成完备、专业的征信体系，将政府的增信服务、商业银行的信用服务和证券公司的资本服务结合起来，切实减少信息不对称，降低实体经济征信及融资成本。

四是进一步加强金融监管基础设施建设。继续推进全覆盖、穿透式金融监管体制改革，补齐监管制度短板，形成机构监管与功能监管和行为监管、宏观审慎与微观审慎相结合的监管体系。坚持金融创新与风险管控并重、金融效率与金融稳定相平衡，提高金融监管的信息化水平、响应速度及与时俱进的监管能力；以保护消费者权益、有效防范风险为前提，建立金融创新产品的监管机制，密切跟踪研究金融科技发展对金融业务模式、风险特征和金融稳定的影响，采取有效措施处置风险点，释放金融体系的压力，消除系统性金融风险隐患，尤其要防止金融机构为规避监管而进行"伪创新"，减少多层嵌套，缩短资金链条，消除资金空转，促进降低融资成本，提高金融供给的质量与效率。要加强基层或地方金融监管力量，强化金融监管责任，建立监管问责制，切实解决金融领域特别是资本市场违法违规成本过低的问题。

三、进一步完善金融市场结构制度

进一步完善金融市场结构制度，在确保金融安全的前提下扩大金融业双向开放，以良性竞争促进金融产品体系优化及金融服务质量提升。要完善金融市场结构，以金融开放促改革，进一步提高金融市场的市场化程度，推动中国金融体系与国际主流模式接轨。主要措施包括以下几方面。

一是以宏观审慎为前提，全面实行准入前国民待遇加负面清单管理制度，扩大市场准入，健全商业性金融、开发性金融、政策性金融、合作性金融分工合理、相互补充的金融机构体系。特别要重视完善机构定位，构建多层次、广覆盖、有差异的银行体系，鼓励金融机构功能定位和商业模式差异化，支持国有大型金融机构做优做强，严格中小金融机构准入标准和监管要求，强化政策性金融机构职能定位，完善中国特色现代金融企业制度，优化大中小金融机构布局。

二是继续推动金融市场改革开放，在风险可控的前提下适度降低金融市场相关业务的准入门槛，深化资本市场开放的深度和广度，持续推进人民币资本项目的审慎开放，为国内投资者提供分享境外优秀企业经营成果的渠道，引入国外成熟专业的金融服务和产品，引入优质外资金融机构，充分发挥其鲇鱼效应，倒逼国内金融机构积极变革，在更好地满足实体经济融资需求的同时，不断提高金融行业的竞争力。

三是构建适合我国国情的金融机构处置和破产制度，完善金融机构法制化市场化退出机制。要强化存款保险基金管理机构的早期纠正和风险处置功能，使其能够在"早期识别和及时干预"的框架下尽早地识别出问题金融机构及其风险点，尽快地制定并启动干预措施和程序，一旦高风险金融机构限期自救不成功，就及时启动接管程序，由存款保险机构接管处置，综合采取多种措施对问题金融机构实施专业化、市场化的处置；如果采取风险处置措施后，问题机构仍无救活的可能，则应进入司法破产清算，由存款保险机构担任破产管理人，在依法履行偿付存款的义务后，作为债权人参与银行破产程序，分配银行的破产财产，并就个人债权偿付部分优先受偿，最小化存款保险基金的损失。通过金融资产、市场和机构的有序调整，形成优胜劣汰、正向激励的市场环境，减少低效、无效资金供给，提高资源配置效率。值得注意的是，为避免国际金融市场波动的过快传导和风险濡染，扩大金融业双向开放应以逐步完善的金融基础设施建设为前提。

四、促进金融机构良性竞争

在完善金融市场结构的基础上，促进金融机构良性竞争，不断增强金融供给对金融需求的响应能力。通过加大竞争力度，促进金融机构以市场为导向，遵循"竞争中性"原则，平等地为各类企业和居民提供高效率的服务。

在金融产品体系优化方面，贯彻"全""新""细"三字方针。"全"，就是要构建风险投资、银行信贷、债券市场、股票市场等全方位、多层次金融支持服务体系，形成各类资本中介各司其职、涵盖产业发展全生命周期的金融产品线，覆盖实体经济的不同细分需求，为实现实体经济"血液"的良好循环奠定坚实基础。"新"，就是要适应发展更多依靠创新、创造、创意的大趋势，针对以间接融资为主的金融产品体系过度依赖于稳定现金流的固有缺陷，结合创新创意产业有形资产价值低、现金流波动差异大的特点，以更有利于创新型企业融资的"轻盈利、重技术、重研发"原则，优化乃至创新金融服务供给，推动我国战略型新兴产业的进一步发展升级。"细"，就是面向实体经济发展和人民生活质量提高所提出的差异化金融服务需求，针对不同细分市场的特点，"坚持以市场需求为导向，积极开发个性化、差异化、定制化金融产品"；尤其是传统银行经营管理模式下缺乏深耕的小微、"三农"、贫困人口等弱势群体领域，要重视尊重市场规律，建立正向激励和风险补偿机制，平衡金融机构收益、风险和成本，实现商业可持续；要紧跟客户需求变化，在细分客户金融服务需求的基础上，充分运用新理念、新思维、新技术，积极探索新产品、新渠道、新模式，积极开发个性化、差异化、定制化金融产品。

通过全面深化金融供给侧结构性改革，总的目标是建立现代金融体系、建设金融强国，即富有活力的金融机构、高效配置的金融市场、严格有序的金融监管、成熟完善的金融基础设施、灵活协调的金融宏观调控。包括：金融机构应涵盖大、中、小、微型等不同的规模和国有、民营不同的产权形式，银行、证券、保险以及其他金融行业，并且广泛覆盖城市和农村；金融市场在资源配置中的引导功能、枢纽功能和基础性作用凸显，利率—价格机制在金融市场交易中发挥主导作用，健全层次合理、功能定位明确而又互补的多层次金融市场体系；金融产品丰富多样，非金融企业直接融资、间接融资的比例更加协调，银行、证券、保险等主要金融行业的行业结构和组织体系更为完善和合理；金融法治建设更加完善，现代支付体系和社会信用体系建设更加成熟，金融信息化、数字化水平不断提高，金融消费者权益保护能力不断提升，金融行业自律组织和人才队伍建设更加有效，金融发展的总体环境更加优化；金融宏观调控体系和国有金融资产管理体制健全，金融监管的协调性和对系统性风险的防范预警能力不断增强，能够多方面和全方位地保障金融稳定与金融安全。

第四章

防控金融风险：
金融高质量发展的永恒主题

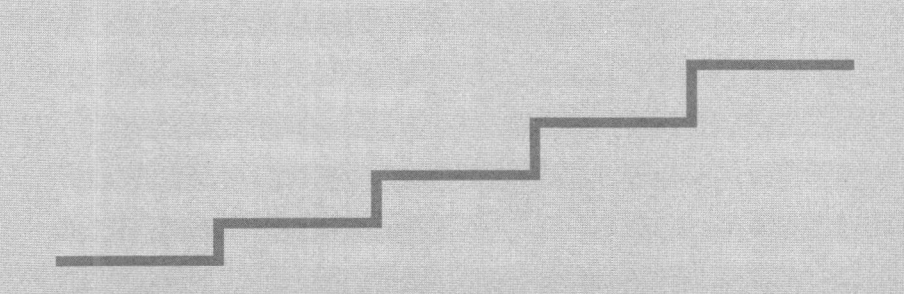

随着金融的全球化，金融业的快速发展，金融效率的不断提高，金融作用的增强和地位的提升，金融在自身发展日益壮大且促进实体经济发展的同时也经历或面临着前所未有的不确定性、不稳定性或局部震荡，这就表现为金融风险。金融风险的触发因素很多，包括宏观经济的剧烈波动、债务剧增、金融对实体经济的溢出效应、交易对手信用违约、金融自身的脆弱性、金融市场信息中断、流动性缺乏、资产泡沫等等。可以说，金融风险是由金融体系内外部众多因素共同作用、相互影响而催生的，涉及流动性、杠杆率、关联度等多个方面，在金融体系内相互传染并导致金融系统崩溃或金融功能丧失的可能性。虽然金融业作为经营和管理风险的行业，存在金融风险具有必然性，但是，金融风险的危害巨大，其引发的危机将对经济、社会甚至国家安全造成全局性的负外部效应。因此，在任何时候、任何情况下，都要注重防控金融风险。

　　党的十八大以来，习近平总书记高度重视金融风险的防控，反复强调要把防控金融风险放到更加重要的位置，牢牢守住不发生系统性风险底线。2017年7月14日至15日，习近平总书记出席全国金融工作会议并发表重要讲话指出，防止发生系统性金融风险是金融工作的永恒主题，要把主动防范化解系统性金融风险放在更加重要的位置，着力防范化解重点领域风险。2019年2月22日，中共中央政治局专门就"完善金融服务、防范金融风险"举行第十三次集体学习，习近平总书记强调，防范化解金融风险特别是防止发生系统性金融风险，是金融工作的根本性任务。要注重在稳增长的基础上防风险，坚持在推动高质量发展中防范化解风险。2023年10月30日至31日，习近平总书记出席中央金融工作会议再次强调，要以全面加强监管、防范化解风险为重点做好金融工作。近年来，我国防范化解重大金融风险取得积极成效，有力维护了国家经济金融稳定和人民财产安全。

第一节

金融高质量发展仍然面临较多的金融风险隐患

中央金融工作会议指出,要清醒看到我国金融领域各种矛盾和问题相互交织、相互影响,有的还很突出,经济金融风险隐患仍然较多,金融乱象和腐败问题屡禁不止,金融监管和治理能力薄弱。在金融高质量发展的过程中,我国还面临较多的金融风险隐患,需要引起高度警觉。

一、房地产市场风险

从价格上看,我国房地产市场价格仍然偏高。根据 NUMBEO 统计,我国城中心购房价格达到 7445 美元/平方米(见图 4-1),尽管低于澳大利亚(8751 美元/平方米)、美国(8453 美元/平方米)、以色列(8297 美元/平方米)、加拿大(7637 美元/平方米)、新西兰(7500 美元/平方米),但高于法国(7268 美元/平方米)、英国(6886 美元/平方米)、奥地利(6587 美元/平方米)、德国(6576 美元/平方米)。我国非城中心购房价格与主要发达国家或地区相比较低,为 4023 美元/平方米,美国(5747 美元/平方米)、德国(5437

美元/平方米）、英国（5055美元/平方米）等都比我国高，不过我国非城中心购房价格仍高于主要新兴国家。从城市看，中国香港（28306美元/平方米）、上海（18876美元/平方米）、北京（15281美元/平方米）、深圳（13437美元/平方米）、广州（10709美元/平方米）等城中心购房价格分别为全球第1、6、15、23、32位，杭州（7045美元/平方米）、武汉（4392美元/平方米）则处于全球第69、119位，可以说中国一线城市、新一线城市的房地产价格在全球范围内都相对偏高。

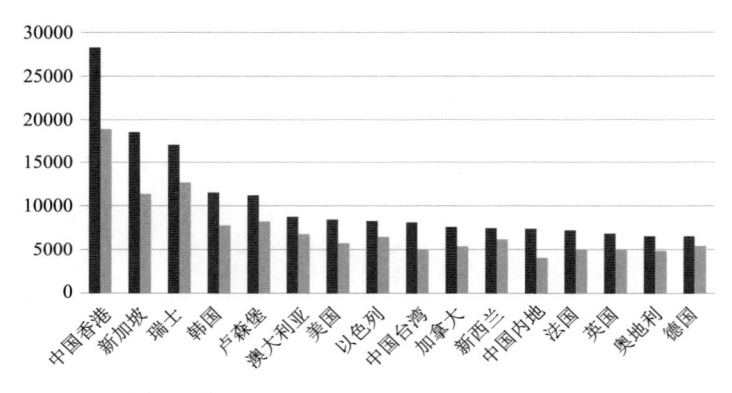

图 4-1 主要国家或地区城中心和非城中心购房价格

数据来源：NUMBEO数据库，截至2024年1月。

从数量上看，我国房地产市场存在一定空置率。虽然对于住房空置率的认定标准和统计口径存在差异，但一般认为住房空置率在5%~10%较为合理。贝壳研究院发布的《2022年中国主要城市住房空置率调查报告》显示，28个大中城市平均住房空置率为12%。与美国、加拿大、法国、澳大利亚、英国等相比，我国住房空置率相对较高，并且随着新生人口数量呈现下降的趋势，我国住房空置的情况将可能进一步加深。

从市场主体来看，我国房地产企业风险不容忽视。

一是房地产企业债务违约和行业风险增大。根据 Wind 统计，中国上市房地产企业整体负债率从 2005 年的 60% 上升至 2021 年的将近 80%，2023 年第三季度更是飙升至 86% 左右，还有一些房地产企业资产负债率超过 90%。与其他国家相比，英国、法国、德国、美国、日本等国家上市房地产企业资产负债率一般为 40%～70%，我国上市房地产企业资产负债率明显高于这些国家，也远远超过资产负债率 40%～60% 的合理区间。融资受限叠加短期偿债压力较大，一些房地产企业面临资不抵债风险。相当多的房地产企业已经出现了司法或者经营风险，包括法律诉讼、失信违法、经营异常、行政处罚、严重违法等在内的司法和经营风险情况明显增多。近十多年来，房地产开发企业资产负债率却逆势上行（见图 4-2）。受前期新冠疫情冲击、国内外经济形势变化和房地产金融审慎监管等影响，房地产企业经营现金流和融资现金流双重承压，由此引发的一系列债务违约事件和行业负面连锁反应，加剧了市场预期和宏观经济的波动。部分负债水平较高、偿债能力较弱的头部房企面临融资成本上升、资金链循环不畅等问题。据上海票据交易所信息显示，2023 年 12 月共有 905 家房地产企业发生票据违约情况。另据公开信息统计，2023 年年内已有 12 家 A 股和港股房企退市。

二是局部地区和房地产上下游行业的风险压力上升。受区域房地产市场走势和调控政策的影响，房地产开发企业资产负债率呈现较大的区域差异。资产负债率超过 80% 以及近年遭破产清算的房地产开

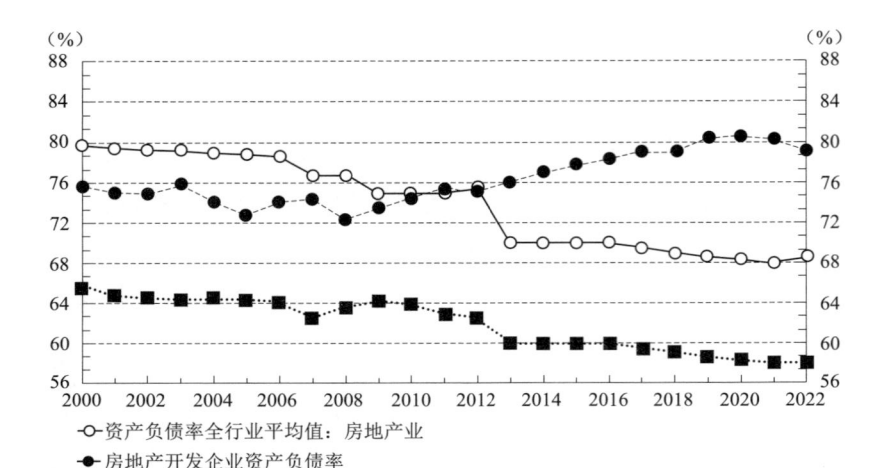

图 4-2　2000 年以来我国房地产业、房地产开发企业与工业资产负债率变化趋势

数据来源：根据国家统计局、Wind 数据库相关资料信息计算整理。

发企业，主要集中在中西部和三、四线城市。由于地方财政对土地出让和房地产市场依赖较大，房地产开发企业资产负债率过高，可能会进一步加大局部地区的金融风险防控压力。与此同时，与房地产市场密切相关的建筑工程、建材家居、酒店会展、融资担保等房地产上下游行业也受到较大冲击，涉房相关行业面临的严峻形势亦需引起高度警觉。

三是房地产企业境外债券偿付风险加大。从境外债券发行情况来看，2017—2020 年房地产企业海外发债规模持续增加，在 2020 年前后达到峰值，且绝大多数为美元计价。房地产外债偿付风险高于其他行业，债券评级相对较低，房地产企业往往需要支付更高的风险溢价成本，因此外债融资可缓解企业部分到期债务燃眉之急，但长期来看容易集中风险。受市场下行和调控政策等多因素叠加影响，近年来房地产企业美元债违约规模攀升，多只中资地产美元债净价创历史新低，引发市场对行业基本面的担心。房地产企业普遍遭到标普、穆迪等国际评级机构评级下调，加之欧美银行业风波和股市持续震荡，房企境外债券发行空间收缩且难度加大。2022年，房企海外发债规模降至1430亿元人民币，2023年大幅收缩至219.3亿元人民币。根据相关机构统计显示，2023年有85只中资房企美元债券发生实质性违约，涉及金额334.21亿美元。2024年，房企到期海外债券余额约为2677亿元，其中上半年到期占比约为65.7%。受房地产企业再融资能力和中资房企海外债信誉的影响，外债防控风险压力仍然较大（见图4-3）。

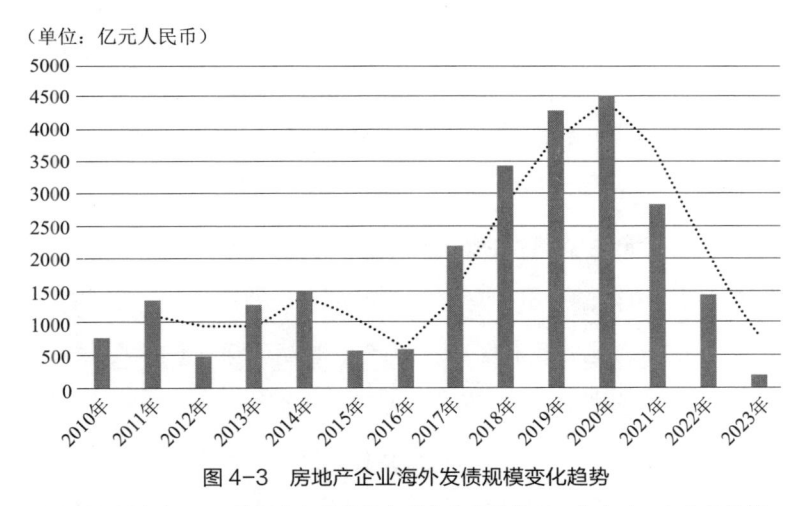

图4-3 房地产企业海外发债规模变化趋势

数据来源：根据Wind数据库相关数据资料信息计算整理，按实时汇率进行折算。

二、地方政府债务风险

从总量上看，我国地方政府债务风险总体可控。截至2023年12月，全国地方政府债务余额407 373亿元，控制在全国人大批准的限额之内，其中一般债务 158 688 亿元，专项债务 248 685 亿元；政府债券 405 711 亿元，非政府债券形式存量政府债务 1662 亿元。2012 年以来地方政府负债率最高为 32.3%（2023 年），其他年份基本保持在 20% 左右。即使加上中央政府债务，我国政府负债率也低于欧盟对其成员国政府负债率不超过 60% 的警戒线。

从地区结构看，个别省区市的地方政府债务存在风险。我国目前有四个省区市的地方政府债务余额（专项债务与一般债务之和）超过 2 万亿元，分别是广东、山东、江苏、四川，而这四个省区市的负债率分别为 20%、26%、17.7%、33.7%，也远低于国际警戒线，风险较小。值得注意的是，有四个省区市的负债率超过了 60%，分别是青海（87.8%）、贵州（72.3%）、天津（66.4%）、吉林（65.6%），同时还有一些接近警戒线的省份，比如甘肃（59.9%）、新疆（54.9%）、海南（54.4%）、黑龙江（53.5%），这些省区市的地方政府债务风险值得关注（见图 4–4）。

从债务类型看，隐性债务更需要警惕。2014 年认定的地方政府负有担保责任的债务、可能承担一定救助责任的债务，作为或有债务很有可能还需要地方政府偿还。2015 年地方政府举债的"后门"并未堵严实，部分融资平台仍在开展非市场化举债业务，方式包括提供直接或间接担保、设立产业或投资基金、PPP 承诺收益、以政府购买服务名义违规融资等。[1] 目前公开统计的地方政府债务规模均为显性债务，对隐性债务并无官方公布的数据。有机构和学者对我国隐性债务做过测算，国际货币基金组织估计 2016 年我国隐性债务规模为

---

1. 毛捷，徐军伟. 中国地方政府债务问题研究的现实基础——制度变迁、统计方法与重要事实 [J]. 财政研究，2019（1）.

19.1万亿元，按照国际清算银行数据估计2017年隐性债务规模为8.9万亿元；国内学者按窄口径测算我国隐性债务为20万亿元左右[1]，宽口径认为我国隐性债务可能达到30万亿～50万亿元。不管隐性债务规模到底有多少，这部分债务始终是地方政府面临的不定时"炸弹"，一旦隐性债务显性化，地方政府债务的风险将飙升。

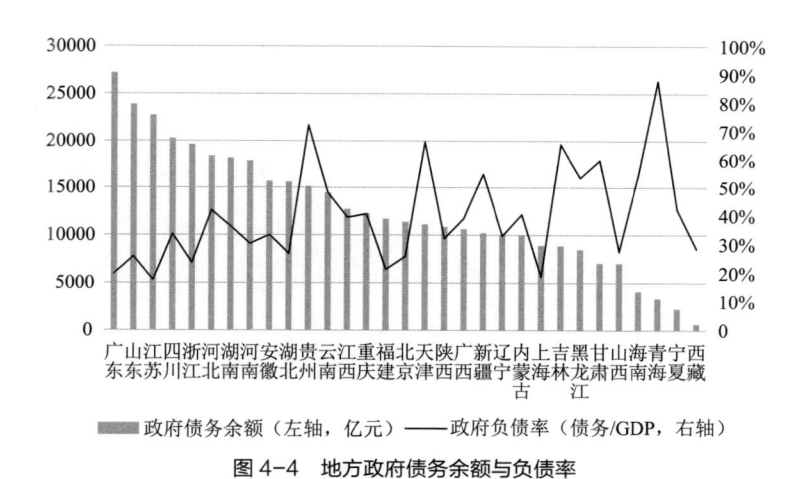

图 4-4 地方政府债务余额与负债率

数据来源：中国地方政府债券信息公开平台，其中内蒙古、上海、广西债务为截至2023年第三季度，新疆GDP按全国5.2%平均增速测算。

三、中小金融机构风险

截至 2023 年 6 月，全国共有 4561 家银行业金融机构，包括农村商业银行、农村合作银行、村镇银行、信托公司、金融租赁公司、汽车金融公司、消费金融公司等在内的中小金融机构数量已超过 4000 家。在国内经济金融结构性矛盾日益凸显的背景下，由于人才、技

---

1. 吉富星. 地方政府隐性债务的实质、规模与风险研究［J］. 财政研究，2018（11）.

术、能力、内部管理等多方面的限制，部分中小金融机构出现了明显的风险集聚。2019年处置的包商银行暴露的严重信用风险、锦州银行出现的流动性风险，以及随后的河南村镇银行事件等等，就是典型的例子。

以中小商业银行为例，我国中小商业银行面临的信用风险、操作风险（含案件风险）、流动性风险更为突出，相对而言，市场风险、营运风险、声誉风险、信息科技风险等可控性更强一些。[1]

一是信用风险更为突出。据国家金融监督管理总局公布的数据，城市商业银行的不良贷款率从2018年第一季度的1.53%上升到2023年第三季度的1.91%，农村商业银行的不良贷款率从2018年第一季度的3.26%微调到2023年第三季度的3.18%，我国城市商业银行和农村商业银行的不良贷款额、不良贷款率总体呈上升趋势。如果还原城市商业银行和农村商业银行近几年呆账核销、打包处置的不良资产，不良贷款率会更高。值得关注的是，这些还是全国城市商业银行和农村商业银行的平均情况，就区域性的城市商业银行和农村商业银行而言，不良贷款率可能更高，有的中小商业银行真实不良率超过20%，个别机构甚至更高，区域性的金融风险压力很大。事实上，单纯从不良贷款率来看中小商业银行风险状况，也还存在较大的局限性。比如，在城市商业银行和农村商业银行中大量存在贷款以新还旧，这就在一定程度掩盖了真实的不良贷款率，掩盖了真实的资产质量状况。此外还存在大量的逾期贷款、关注类贷款，资产质量向下迁移的压力很大。所以，以城市商业银行和农村商业银行为代表的中小商业

---

1. 许振慧，何德旭．注重防控疫情冲击下的中小商业银行风险［J］．银行家，2020（5）．

银行面临的信用风险依然较为突出。

二是操作风险、合规风险相伴而生。随着近几年银行业市场乱象整治力度的加大，城市商业银行和农村商业银行信用风险下的操作风险、合规风险也不断显现。由于内控管理薄弱，贷款"三查"形同虚设，业务发展盲目激进。2017年以来金融监管部门就处罚了中小商业银行大量违规经营、违规担保、违规票据、虚假黄金质押等案件。中小商业银行违规操作主要集中在信贷业务、票据业务、资管业务、理财业务、支付结算业务等方面。信贷业务违规主要是贷前调查不实、贷中违规授信、违规发放贷款、贷后管理流于形式，贷款全流程存在内控缺陷与管理漏洞。相关案例显示，近几年城市商业银行和农村商业银行案件数量、案件金额都呈明显上升趋势，属于案发重灾区。从业人员单独作案或与社会不法分子内外勾结，主要是侵占银行或客户资金、违规对外担保、违规销售理财产品、违法放贷、违规出具票据等。

三是流动性风险不可小觑。流动性风险既是商业银行最基本的风险，也是"最致命"风险。我国中小商业银行的流动性风险虽然总体可控，尚未发生较大规模的挤兑事件，但区域性、单个机构的流动性风险不容忽视，也出现了"暴雷"情况。中小商业银行自身资金腾挪空间较小，国债、金融债等高流动性资产占比低，贷款期限长，负债类资金中一般性存款占比低，同业拆借资金多，遇到存款或理财产品集中到期、重点客户违约、资产质量大幅下滑等，都会带来较大的流动性风险。城商行、农商行，受区域经济环境、企业经营效益、行业变化等影响更为直接，更容易出现流动性风险，需要高度关注。特别值得注意的是，长期以来，相当一部分中小商业银行走的是粗放式发展道路，只注重规模扩张，将"盈利性"摆在首要位置，而忽视了"流动性"和"安全性"，为流动性风险的产生埋下了重大隐患；还有一些中小商业银行尚未建立起完善的流动性风险管理系统，缺乏有效的流动性风险识别、计量、监测和控制等技术手段，无法第一时间准确分析客户行为、流动性缺口变化，从而难以实现对流动性风险的动态、全程有效监控。

第二节

有针对性地防控各种金融风险

金融风险具有巨大危害性，任何时候都不可掉以轻心。在金融高质量发展过程中，需要针对不同的金融风险采取不同的防控举措。

一、防控房地产市场风险

长期以来，我国房地产开发企业的间接融资特别是银行信贷占比过高，形成了过度依赖银行金融机构的融资结构，从而导致其抵御债务风险的能力较弱。在此背景下，房地产市场的剧烈波动风险，也更容易转化为银行金融机构的金融风险，进而演化为系统性金融风险。因此，对房地产市场风险要下大力气防范化解。

习近平总书记指出，房地产对经济增长、就业、财税收入、居民财富、金融稳定都具有重大影响。要正确处理防范系统性风险和道德风险的关系，做好风险应对各项工作，确保房地产市场平稳发展。[1]

第一，健全房地产企业压力测试和分级评价制度，进一步完善

---

1. 习近平. 当前经济工作的几个重大问题［J］. 求是，2023（4）.

房地产行业风险预警机制。针对局部流动性风险要做好预测排查和情景推演，加快完善房地产企业分级评价制度；对债务延期过长、恶意"借新还旧"的房地产企业融资行为要坚决及时遏制；对出现债务违约和债券到期未及时兑付的房地产企业，要分类做好违约信息披露，规范和约束其后续融资行为。对于资产负债率超过90%、极限压力测试结果不足6个月的房地产企业，以及平均资产负债率超过85%的地区，监管部门要密切关注其资金动向和可能引发的潜在金融风险。

第二，加快完善房地产市场精准融资支持政策。有效区分集团公司债务风险和项目公司开发运营风险，避免金融机构对债务违约房企的所有项目搞"一刀切"。对房地产企业在建已预售、短期现金流不足、预期综合效益较好的项目，可根据新增工程进度拨付预售监管资金，适当延缓部分房企税项和土地出让金缴纳期限。鼓励"民企+城投"联合拿地模式，扩大担保主体，积极引导民企参与闲置低效用地开发。可借鉴美国土地期权合约式出让经验，减少开发商土地持有成本和预期风险。

第三，提高直接融资比重，促进房企融资结构优化。鼓励房企通过增发股票、引入股权投资、分拆上市等方式进行权益融资，通过融资渠道多元化来有效分散风险。有序调整相关的政策管控，稳步提高房企直接融资比重，加快推进房企资产证券化，推动房企IPO融资步入规范化轨道。积极拓展房地产信托、债券、基金和房地产信托投资基金（REITs）等多样化融资模式，加大产业链融资力度，逐步增加房企的资产流动性，保障房地产业良性循环的合理资金需求。

第四，分类推进房地产企业债务置换展期和帮扶政策落实。对预期综合效益较好、聚焦主责主业、资质良好的房企或开发项目，可引入专业的资产管理公司，通过债务展期、减免利息、债务置换、债转股、债务重组等方式压低房企债务规模。统筹推进房企风险处置与保障房建设，鼓励国有房企或优质民营房企收购出险企业的部分项目，用于建设保障性租赁住房、共有产权房或安居工程产权房。

第五，顺应行业集中度上升的大趋势，加快推进房企发展模式转型。积极拓展房地产代建业务，转型发展特色产品或上下游服务，有效分散经营风险、增加持续盈利能力。加快树立房企资产运营商和服务提供者理念，逐步从单纯的开发销售模式转变为长期持有和运营模式。银行金融机构要做好重点房地产企业风险处置项目和并购金融服务，按市场化原则形成有效的激励机制，调动房地产企业收购并购积极性。

二、防控地方政府债务风险

地方政府债务（包括隐性债务）规模过大和增速过快，一直是过去数年影响我国经济转型，并可能触发系统性金融风险的主要因素之一。事实上，地方政府债务风险也是地方财政收支失衡得不到及时弥补、财政脆弱性加剧的直接表现。

在地方政府债务风险防控方面，2013年底，中央、各省区市相继发布地方政府性债务审计结果报告，标志着我国地方政府债务管理迈入规范化。2014年以来，我国对地方政府债务实施了一系列管理措施，从新修订的《预算法》允许地方政府在限额内以发行债券的方式举借债务，到《国务院关于加强地方政府性债务管理的意见》对地方政府债务的全面管理，再到《地方政府一般债务预算管理办法》

《地方政府专项债务预算管理办法》《地方政府性债务风险分类处置指南》等专项管理，以及其他一系列通知、办法、意见等。这些管理措施为防范化解地方政府债务风险发挥了重要作用，各地政府也越来越注重债务风险管理。现在面临的艰巨任务是化解地方政府的存量债务和隐性债务。

一是区分不同的债务类型有针对性地防控和化解。存在债务违约风险的各地区原因不一，对经济增速低的省区市，应着力提高经济增速，在负债水平可控的范围内，可适当增加地方政府债务限额；对负债水平高的省区市，应着力降低地方政府杠杆率，适当约束地方政府债务限额。

二是构建更全面的债务风险预警指标体系。地方政府债务风险管理是一项系统工程，单纯依靠某一个静态风险指标或模型测算指标都难以有效控制。目前衡量地方政府债务风险的指标多为债务率、新增债务率、偿债率、逾期债务率等，应适当增加与经济增速、财政收入增速等相关的指标，以及一些动态指标或模型测算指标，准确评估地方财政空间和财政可承受能力，综合观察地方政府债务水平。

三是完善政绩考核与终身问责机制。地方政府债务形成的一个重要动因就是政绩考核的驱动，要突破"唯GDP论"的认知，树立稳增长与防风险并重的政绩观，将地方政府债务风险纳入考核范围。同时，完善地方政府债务终身问责机制，防止地方政府追求短期政绩而忽视风险隐患，使地方政府举债更加制度化、科学化、规范化、合理化。

四是将政府资产性收益纳入财政增收渠道。地方财政收入全面下行的局面已经形成，经济下行加剧地方财政支出刚性的趋势也难以在短期内缓解。如果按照"老套路"，支出需求较大时政府往往会加强收入征管，那么这将导致企业生存更加困难、个人消费就业难以恢复。在不考虑扩大地方政府借款的情况下，可以考虑从丰厚的政府资产中找到稳定的财政增收来源。各地方不能总在土地招拍挂上想办法。只有找到未来平抑财政收入波动的增收途径，才能以最小的代价化解地方政府债务风险。

三、防控中小金融机构风险

要按照中央"稳定大局、统筹协调、分类施策、精准拆弹"的基本方针，防范化解中小金融机构风险。

第一，进一步深入细致地测算分析中小金融机构面临的风险暴露情况。比如，重点测算中小商业银行拨备覆盖率下可以抵御多少不良资产，可以抵御多长时间，不会出现流动性枯竭；需要测算评估，中小商业银行资本充足率水平下可支撑的风险资产规模是多少，资本抵御非预期损失的能力有多大，形成准确的量化分析判断。在进行风险测算与压力测试的基础上，要对中小商业银行进行客观、准确的内部控制有效性评价。进行内控评价，有助于各级政府和监管部门及时准确地把握中小商业银行的风险状况、管理状况和风险控制能力，进一步研判其可持续发展的能力。

第二，对中小金融机构内控有效性进行精准分析，分类排队。对于内部控制体系基本有效、公司治理比较完善、仅限于单项业务存在一定风险隐患的，可以责成机构管理层进行深入整改；对于内部控制有效性存在较大缺陷的，监管机构要协调地方政府管理部门，组织进行深入核查，对于风险隐患较大的，要采取果断处置措施，迅速控制风险敞口，减少风险损失；对于内部管理混乱、存在严重控制缺陷和道德风险、潜在较大风险传染隐患，或容易引发连锁反应和群体性事件的，或是经内控评价及风险排查，存在重大风险敞口、已难以自我化解的，要迅速组织接管组进行接管或托管。重点防控流动性不足造成的挤兑风险，再深入核查风险敞口和管理漏洞，逐项研究风险处置措施。

第三，对于部分中小金融机构特定风险类别，针对风险成因，重点是切断外部客户风险与金融机构风险的互相传染，防止引发群体性事件。要对症下药，采取针对性更强的应急处置措施，进行分类拆解。如对于过度参与地方融资平台产生较大风险的，要统筹地方债务风险进行处置，压实地方政府处置责任；对于受大股东控制或隐性控制，行业客户过度集中的，结合行业与客户风险化解，综合运用资产重组、打包出售、股权转让、破产重组等手段，统筹客户风险、银行风险，综合施策，予以化解；对于违规开展同业业务、资管业务，容易形成同业风险传染的，启动跨区域监管协调与风险处置机制，联合排查，联合应对；对于内外勾结，内部舞弊，与网贷公司、担保公司形成巨额违规违法担保、违规套取银行信用的，采取必要的司法手段，对违法人员、违法企业快速采取强制措施，快速追索资金资产，压缩敞口，破解风险。

第四，完善配套机制，激励约束并重，激发中小金融机构内生动力，不断完善内部控制体系，提升风险管理能力。一是进一步完善公司治理和疏通中小金融机构资本补充机制，拓宽中小金融机构资本补充渠道和来源，鼓励地方政府、股东企业、社会资本注入中小金融机构，分类支持中小金融机构发行债券补充资本，形成较为稳定的资本补充、资本约束机制。二是建立人才输送与交流机制，可以考虑从监管层面建立人才输送与交流选聘机制，合理设计交流选聘标准与方式，合理设计薪酬处理和员工身份管理，切实解决中小金融机构人才严重不足、内部控制体系不健全、风险管理能力弱的问题。三是建立更为严格的监管处罚机制，对于存在较大内控缺陷、基础管理薄弱甚至违规经营的中小金融机构，除给以严格的监管处罚外，包括罚款、没收违规所得等，还要限制其相关业务或全部业务规模增长，督促其从根本上破除重规模、轻质量的发展模式，控制存量风险，改进内部管理，夯实后续发展基础。四是完善薪酬延期及追索机制，对于发生重大风险的中小金融机构管理层及相关岗位人员，除追究相关领导责任、管理责任外，还要完善绩效工资追索机制，追回前期已获绩效，形成较强的个人利益约束；同时完善薪酬延期支付制度，将绩效薪酬真正与资产质量、风险损失挂钩，夯实责任约束，限制中小金融机构盲目扩张业务的冲动。五是强化司法移送机制，金融业务具有特殊性，利益巨大，对于内外勾结，存在较为严重的利益输送和违法犯罪行为的，要形成坚决有效的司法震慑，加大违法违规成本，从根本上遏制违法动机，形成治本之基。六是进一步完善涉及中小金融机构法律诉讼、风险处置的相关法律制度与司法程序，严肃法纪，加大司法惩戒力度，既维护好人民群众的切身利益，又维护好中小金融机构的合法权益，形成稳金融、稳经济、保增长的良好法治环境。

第三节

构建全方位的金融风险防控战略体系

防控金融风险,要从国家安全的战略全局出发,遵循金融运行的基本规律,坚持底线思维、系统思维,坚持立足国情,坚持问题导向,加快构建符合中国实际的金融风险防控战略体系,也就是,建立健全金融风险的早期识别、评估、监测和控制机制,建立健全金融系统性危机的早期预警和化解机制,建立健全金融危机救助和处置机制,夯实金融风险防控的基础设施,逐步形成从结构性风险到系统性风险、从内部到外部、从地方到中央、从预警和防范到隔离和化解、从救助到处置的立体式金融风险防线。

第一,构建完善的金融风险预警体系。

围绕金融风险的主要影响因素,包括金融机构以及企业和居民个人的风险承担能力、风险的错误定价、资产负债表内及表外头寸的过度增长、国际国内宏观经济发展失衡、集中风险及金融机构相互联结、国际资本流动(包括外国资本流入突然逆转、外国资本流入激增、国内资本逃逸等),梳理排查每个风险点的成因、机理、传染渠道及外部性,进一步完善金融风险预警体系,有效降低应对金融动荡的信息不对称程度。

其中的一项重要工作，就是将风险承担类指标（如商业银行评级、商业银行净资产收益率、贷存比、净息差、公司债务利润比、居民个人债务占可支配收入之比、一级资本比率等）、风险错误定价类指标（如股指波动率、银行收益率指数、高收益债券息差、可支配收入与房价增长率差额、与上年同期相比消费贷款增长率、与上年同期相比表外资产增长率等）、宏观经济环境类指标（如汇率波动、通货膨胀、GDP、银行全部资产占GDP之比、经常账户占GDP之比等）、关联度指标（如银行间资产份额）、集中风险指标（如最大敞口占全部资产之比）等纳入金融风险预警指标集，努力做到金融风险全覆盖。

第二，开发覆盖金融体系不同细分部门、覆盖不同区域、涵盖不同时间频度（周、月、季度）的金融压力指数，实时监测金融压力状况。

具体而言，将银行业、银行间市场、债券市场、股票市场、外汇市场等不同来源的压力水平整合为一个连续的统计指标，量化金融体系动荡程度，准确反映不同细分部门、不同区域以及整个金融体系由于不确定性和预期变化所承受的总体压力水平。基于金融压力指数与其长期趋势的偏离程度，识别出金融体系的系统性压力期，对金融动荡做出预警，根据预测与实际的偏离情况不断优化指标体系，提高预警精准度。

第三，健全货币政策框架。

实践表明，货币政策不仅可以通过常规和非常规的政策工具来防止风险暴露时期经济过度下滑，而且可以在金融市场开始恢复或出现通货膨胀风险时及时做出反应，改变货币政策方向，并在必要时进行反向操作。因此，要在深入分析国内、国际经济和金融市场形势的前提下，认知新风险因素、选择货币政策及改革措施的推出时机，在货币政策的规则运用和相机抉择之间寻求恰当的平衡以趋利避害。

一方面，要坚持货币政策的稳定经济增长、稳定人民币汇率、稳定金融市场、支持供给侧结构性改革等多目标并举，努力畅通货币政策传导渠道和机制。另一方面，要坚持相机抉择，确保货币政策应对的前瞻性、针对性和灵活性。比如，对于不同类型的风险采用不同的对策：对于流动性风险，可以在中央银行承诺的支持下自由借款，但必须伴以高额的惩罚性利率；对于偿付性风险，中央银行应当降低利率，并承诺未来利率保持在较低水平上，促使资产价格逐步回升，并使金融机构重新获得清偿能力。

第四，建立现代金融监管体系。防控金融风险需要多方面协同，有效的金融监管是防控金融风险的最主要方式和最重要手段。

党的二十大提出，要"深化金融体制改革，建设现代中央银行制度，加强和完善现代金融监管，强化金融稳定保障体系，依法将各类金融活动全部纳入监管，守住不发生系统性风险底线"。2023年3月，《党和国家机构改革方案》立足于解决金融领域长期存在的突出矛盾和问题，开启了新一轮金融监管体制改革，对此前的金融监管架构进行系统性重塑：组建中央金融委员会，不再保留国务院金融稳定发展委员会及其办事机构；组建国家金融监管总局取代银保监会，推进人民银行分支机构改革，将企业债审批发行职责从发改委划拨给证监会；剥离地方金融监督管理局管理职能，建立以中央金融管理部门地方派出机构为主的地方金融监管体制，统筹优化中央金融管理部门地方派出机构设置和力量配备。

2024年1月16日,习近平总书记在省部级主要领导干部推动金融高质量发展专题研讨班开班式上发表重要讲话强调,"金融强国应当基于强大的经济基础,具有领先世界的经济实力、科技实力和综合国力,同时具备一系列关键核心金融要素",其中包括"强大的金融监管","必须加快构建中国特色现代金融体系",建立健全"完备有效的金融监管体系"。这凸显了金融监管的重要地位和核心作用。

对于金融监管,习近平总书记提出了非常明确、具体的要求。金融监管要"长牙带刺"、有棱有角,关键在于金融监管部门和行业主管部门要明确责任,加强协作配合;在市场准入、审慎监管、行为监管等各个环节,都要严格执法,实现金融监管横向到边、纵向到底;各地要立足一域谋全局,落实好属地风险处置和维稳责任;风险处置过程中要坚决惩治腐败,严防道德风险;金融监管是系统工程,金融管理部门和宏观调控部门、行业主管部门、司法机关、纪检监察机关等都有相应职责,要加强监管协同,健全权责一致的风险处置责任机制。这为提高金融监管效率提供了根本遵循。针对新形势下系统性金融风险涵盖范围广、关联性强、传导扩散错综复杂的特点,必须实施持续监管、穿透式监管和宏观审慎监管,全面加强金融监管。

第五,夯实金融风险防控的基础设施。

具体包括:提高金融服务实体经济的效率,为深化供给侧结构性改革和推进经济结构转型升级服务,实现国际与国内、中央与地方系统性金融风险监管的协调;继续完善会计审计制度,扼制企业的风险承担倾向,打造防控金融风险的实体基础;加快推进金融信息化、数字化建设,逐步减轻对国外金融信息的依赖,争取在诸如国际投资银行、商业银行、国际清算与结算系统、信用评级机构、会计师事务所等金融领域的重要环节掌握规则制定权和话语权；完善金融风险防控的法律框架，加快推进防范金融风险的立法工作，加强金融机构公司治理机制的建设，完善有关资本配置的法律制度，推进外汇储备管理体制和投资结构的改革等。

第六，完善紧急救助方案。

金融风险的一个主要表现是资金流动性和市场流动性之间的相互交错、相互作用和相互影响导致整体流动性呈现螺旋式下降，推动金融风险不断升级并广泛蔓延。因此，要建立快速、灵活、有效的金融风险防控操作规程和迅速反应机制，积极拓展货币政策工具和宏观审慎工具，当金融机构陷入流动性困境并威胁金融安全时，适时调整和改变货币政策工具的使用频率、期限、交易对象、交易条件，并配合财政政策工具和金融市场工具，建立良好的风险隔离机制，平衡救助成本与收益，不断创新风险处置方法，确保市场流动性基本稳定。与此同时，紧急救助方案的完善还要重视对公众预期的引导。相关研究表明，紧急救助的不同方案会带来不同的结果，基于风险爆发损失的救助政策越明晰，则信贷收缩量及投资活动所遭受的破坏越小。

第七，金融机构要切实承担风险管理责任。

金融机构风险管理是整体金融风险防控的"龙头"，金融机构管控好风险，既是自身经营的要求，又可以减轻金融监管的压力。一方面，金融机构运营过程时时充满风险，需要在运营过程中做好基于客户的风险管理，从而降低自身面临的信用风险；另一方面，金融机构要强化内部管理，理顺公司治理机制，降低市场风险、流动性风险和操作风险。同时，金融机构还要把握好内外风险管理的"度"。如果对外风险管理过度，即金融机构为了降低风险而选择性"不作为"，就容易导致中小微企业融资难融资贵、农村金融资源不足、普通投资者投资渠道和投资产品缺乏等供给侧结构性问题；如果对内风险管理过度，则可能会提高运营成本，降低金融服务水平；如果对外风险管理过宽，即金融机构未做到应查尽查、该拒则拒，甚至"放水"，必然会使风险事件发生，造成风险损失甚至引发金融危机；如果对内风险管理过宽，那么金融机构就会成为风险聚集地，成为金融危机爆发的源头。作为金融风险防控的第一道防线，金融机构自身必须有所作为。

有必要指出的是，金融机构风险管理存在薄弱环节，有追逐利润最大化的主观动机，但更多的原因还是缺乏有效的风险管理手段。而信息技术、数字技术可以极大地丰富金融机构的风险管控手段，可以助力金融机构管理风险。人脸识别（生物识别）、声音识别、互联网身份认证等技术，具有极高的识别准确度，其安全性远大于现行的各种介质性认证和密码类认证，其使用将弥补线下风险控制措施的不足，降低风险识别成本，提高风险识别效率，更重要的是，这种可记录、可追溯的方式可以从源头上控制风险的发生。大数据的采集、挖掘、综合与统筹使用将形成多层次的印证体系，帮助金融机构实现风险预判和防范；区块链技术也能够帮助金融机构实现金融业务可控、风险可追溯。此外，互联技术有助于解决我国人口众多、经济结构复杂、征信体系构建成本高等难题，可以极大地推进征信系统建设。征信系统的建成和使用，为维护金融安全增加了一道保险锁。因此，应持续加大信息技术、数字技术的应用，真正实现金融与科技的有效融合。

第四节

统筹金融风险防控与金融高质量发展

习近平总书记指出，面对波谲云诡的国际形势、复杂敏感的周边环境、艰巨繁重的改革发展稳定任务，我们既要有防范风险的先手，也要有应对和化解风险挑战的高招；既要打好防范和抵御风险的有准备之战，也要打好化险为夷、转危为机的战略主动战。金融风险防控不是被动的、消极的，而是积极的、主动的，就是要在发展中防控风险，也就是要统筹金融风险防控与金融高质量发展。

一、系统思维：统筹金融发展与金融风险防控

统筹施策，本质上是以系统的思维考虑问题。[1] 金融发展与金融风险防控是金融改革的"一体两面"，相辅相成，密不可分。

一方面，根据海曼·明斯基（Hyman Minsky）的金融不稳定假

---

1. 实践表明，政策制定者在管理金融体系时不可避免地要面对确保金融稳定和提高价格效率的权衡。参见：Markus K. Brunnermeier, Michael Sockin, and Wei Xiong. China's Model of Managing the Financial System[J]. *The Review of Economic Studies*, 2021, vol. 89。

说，金融发展不当可能导致金融风险问题，"在现代世界中，对金融关系及其对系统行为的影响的分析，不能局限于企业的负债结构及其现金流。家庭（通过信用卡借款购买汽车、房产等大宗消费品及持有金融资产）、政府（有大量浮差和债务融资）和国际主体（金融国际化的结果），其经济表现未必能支撑其负债结构"[1]。

从企业层面来看，过往投资所带来的利润和现金流会促使投资者继续扩大投资，故而会通过增加债务融资来追逐更多的利润，债务的累积和杠杆率的上升又需要未来更多的利润和现金流来偿付；从家庭层面来看，家庭负债结构的变化同样会影响金融机构资产结构的变化，经济繁荣时期，家庭负债率的上升，会提高经济下行期金融中介不良资产产生概率，于是滋生了金融不稳定性[2]。

反之，好的金融发展通过优化金融结构、增加金融服务覆盖面、提高金融服务实体经济效率，使之与经济结构发展相适应，有助于夯实金融风险防控的经济根基，而金融结构失衡则会影响实体经济的健康运行，后者又势必影响金融安全；推行普惠金融，加大金融服务覆盖面可以成为实现强劲包容性增长的有力推动因素，且普惠金融可以增强国内资本基础，从而减少对外国资本流动的依赖，并降低外部冲击的风险；对金融服务用户的有效保护则可以增强整体金融稳定和金融安全[3]；提高金融服务实体经济效率，引导社会资本有序流向实体

---

1. Hyman P. Minsky. The Financial Instability Hypothesis[R]. Working Paper no. 74, 1992, The Jerome Levy Economics Institute of Bard College, pp.4-5.
2. Hyman P. Minsky. Financial Factors in the Economics of Capitalism[J]. *Journal of Financial Services Research*, 1995, vol. 9, pp.197-208.
3. Atiur Rahman. The Mutually-Supportive Relationship Between Financial Inclusion and Financial Stability[J]. *AFI Viewpoints*, 2014, vol.1, pp.1-5.

产业,让实体经济筋骨强健,才能提升经济体系抗风险能力。

值得注意的是,从金融风险防控到金融发展也存在反馈效应。金融体系处于一定范围内的风险可控状态,意味着其可以有效应对内生或由于重大不利和不可预见事件导致的金融失衡,并主要通过自我纠正机制来吸收冲击,防止风险事件对实体经济或其他金融体系产生破坏性影响。[1]因而,金融安全有助于更有效地配置资源、评估和管理金融风险、维持接近经济自然率的就业水平,并消除会影响货币稳定或就业水平的实物或金融资产的相对价格变动,避免了出现流动性短缺,为金融支持实体经济提供良好环境。

而当金融体系处于风险状态时,金融机构提供融资的意愿会大幅下降,资产价格过度偏离其内在价值,遏制实体投资增长,继而抑制生产率提高。[2]极端的金融风险甚至危机可能导致银行挤兑、恶性通货膨胀或股市崩盘,甚至严重动摇人们对金融和经济体系的信心,从而严重损害金融发展。[3]

统筹金融发展与金融风险防控,要坚持以金融发展促金融风险防控、以金融风险防控保金融发展,换言之,要以金融发展的绩效为维持金融安全状态提供保障、为提升金融安全治理能力提供支持;坚持

---

1. Garry J. Schinasi. Preserving Financial Stability [J]. *Economic Issue*, 2005, no. 36, pp.2.
2. Hyman P. Minsky. The Capitalist Development of the Economy and the Structure of Financial Institutions [R]. Prepared for the Session "Financial Fragility and the U.S. Economy". Annual Meetings, American Economic Association, New Orleans,1992.
3. 国际货币基金组织一项对 180 个国家 28 年间(1984—2011)金融稳定与金融发展关系的研究表明,银行危机严重影响金融发展。参见:Raja M. Almarzoqi, Sami Ben Naceur, and Akshay Kotak. What Matters for Financial Development and Stability?[R]IMF Working Paper, 2015, WP/15/173。

以金融安全保金融发展，就要有效防范化解重大风险，为金融发展创造安全的国内外环境。既要防止过度追求金融发展，侵蚀金融风险防控基础，又要防止过度注重金融风险防控即追求金融安全而形成对金融发展的抑制，继而削弱金融支持实体经济的能力。

二、制度保障：恰当的政府干预与制度约束

恰当的政府干预和制度约束，于防控金融风险、维护国家金融安全不可或缺。

恰当的政府干预和制度约束是防控金融风险的必要制度安排。改革开放以来，我国金融发展经历过多次重大风险考验，之所以没有发生全面的金融危机[1]，一个重要原因就是坚持底线思维，坚持早识别、早预警、早发现、早处置，着力防范化解重点领域风险，着力完善金融安全防线和风险应急处置机制。我国金融体系以国有金融部门为主导，当市场出现系统性风险苗头时，监管部门能够通过高效的金融控制阻扼金融风险的传染，从而极大地降低金融风险的发生概率。

另一个重要原因则是各级领导干部驾驭金融工作能力不断增强[2]。党中央明确要求健全地方党政主要领导负责的重大财政金融风险处置机制，中央金融管理部门依照法定职责承担监管主体责任，派出机构积极发挥专业优势和履行行业管理职责，与地方党委政府密切配合、

---

1. 中国银保监会党委. 持之以恒防范化解重大金融风险[J]. 求是，2022（10）.
2. 根据豪斯曼和罗德里克关于作为自我发现的经济发展的研究结果，实行政府干预，对政府能力有很高的要求。参见：Ricardo Hausmann and Dani Rodrik. Economic Development as Self-Discovery [J]. *Journal of Development Economics*, 2003, vol. 72, pp.603-633.

协同发力，金融风险防范化解成效显著。[1] 多年来的实践表明，恰当的政府干预和制度约束起到了举旗定向、稳定大局的关键作用，有效地遏制了破坏金融生态、孳生金融风险的套利及腐败行为[2]，而干预不足、干预不当则不可避免地陷入乱象丛生、风险积聚的困境。许多学者将中国作为成功抵御2008年全球金融危机的典型，肯定国家权力在控制金融危机方面的重要作用[3]，正是对金融风险防控的中国道路的肯定。

三、内外兼顾、激励相容的金融风险防控策略

随着世界百年未有之大变局的加速演进，地缘政治博弈中金融工具"武器化"的趋势日益明显，内外因素错综交织，金融安全与国家安全的界限日益模糊。中国崛起"修昔底德陷阱"导致资本主义国家

---

1. 据银保监会披露的数据，2017年至2021年，累计恢复与处置高风险金融机构600多家，2021年末高风险影子银行规模较历史峰值压降约25万亿元，同业投资和非标融资大幅减少，保本理财和不合规短期理财产品接近清零，房地产泡沫化金融化势头得到根本性扭转，地方政府隐性债务风险初步控制，一批债务金额巨大、涉及面广的大型企业债务风险事件得到平稳处置，立案查处非法集资案件2.5万起，涉案金额1.56万亿元。深入推进P2P网贷专项整治工作，约5000家P2P网贷机构全部停止运营，无牌照互联网资管机构、支付机构、股权众筹平台、网络互助平台全部清退。参见：中国银保监会党委.持之以恒防范化解重大金融风险[J].求是，2022(10)。
2. 布鲁内梅尔等学者以2015年夏季"国家队"救市为背景的研究认为，中国政府通过直接交易或广泛的政策干预而采取的逆金融市场周期行为，有效地阻止了市场崩盘，在市场上充斥着大量短期主义特征的噪声交易者时尤应如此。参见：Markus K. Brunnermeier, Michael Sockin, and Wei Xiong. China's Model of Managing the Financial System [J]. *The Review of Economic Studies*, 2021, vol. 89, pp.3115-3153。
3. Leo Panitch and Sam Gindin. Capitalist Crises and the Crisis This Time[J]. *Socialist Register*, 2011; Leo Panitch, Greg Albo and Vivek Chibber. eds., *The Crisis This Time*[M]. London: The Merlin Press, 2010, pp.16.

冷战思维日趋严重，防控金融风险、维护中国金融安全，既要面对由外部经济金融环境叠加政治生态环境不确定性带来的风险，又要面对由经济体系内部生发的不确定性事件导致的金融发展不确定性和风险。

其一是内外兼顾。

于内，尽管我国金融业受2008年全球金融危机冲击较小，但我国金融体系存在的内在脆弱性和系统性风险的隐患却不容忽视。多年的经济持续高速发展，金融体系累积了大量风险隐患，而金融业新一轮对外开放，不同风险的交叉、叠加、共振和传染都可能引发金融脆弱性风险。[1] 为有效防控金融风险，在组建中央金融委员会、设立国家金融监管总局负责系统性金融风险防范处置和维护金融安全重大政策制定的同时，我国采取了坚持宏观审慎管理和微观行为监管两手抓、健全货币政策和宏观审慎政策双支柱调控框架的策略[2]，微观审慎监管[3]注重完善现代金融企业制度，完善公司法人治理结构，优化

---

1. 金融机构之间的相互依赖关系对风险的传播起到了"放大器"的作用，金融体系某部分所遭受的初始冲击通过违约和股权减值渠道广泛传播，导致最终损失远远超出基本面的初始变化。参见：Paul Glasserman and H. Peyton Young. Contagion in Financial Networks [J]. *Journal of Economic Literature*, 2016, vol. 54, no. 3, pp.779-831。
2. 斯文森认为，货币政策可以调节宏观审慎政策在通胀和资源利用率方面的影响，宏观审慎政策则可调节货币政策在金融稳定方面的影响。两项政策协同，就如同满足了最优纳什均衡的条件。参见：Lars E. O. Svensson. Monetary Policy and Macroprudential Policy: Different and Separate? [J]. *Canadian Journal of Economics*, 2018, vol.51, no.3, pp.802-827。
3. 作为微观审慎监管的对象，金融中介的内生反应会导致更高的杠杆率、更大的放贷量和更多的期限转换，继而对金融稳定和金融安全造成潜在威胁。例如，资产价格的上升提高了金融中介的资本充足率，减轻了风险管理约束，推动金融中介提高杠杆率、增加短期融资和期限错配。参见：Tobias Adrian, Nina Boyarchenko. Intermediary Leverage Cycles and Financial Stability [R]. Federal Reserve Bank of New York Working Report 567, 2016。

股权结构，建立有效的激励约束机制，强化风险内控机制建设，加强外部市场约束，宏观审慎管理则以"宏观、逆周期、防传染"的视角，从时间和结构两个维度，在采用逆周期调节工具平滑金融体系顺周期波动[1]的同时，以统筹监管系统重要性金融机构、金融控股公司、重要金融基础设施为重点，强化功能监管和行为监管，完善金融风险化解相关主体约束机制，健全金融风险预防、预警、处置、问责制度体系，发挥金融稳定保障基金、存款保险制度和行业保障基金在风险处置中的作用，提升监管科技水平，防范系统性金融风险跨机构、跨市场、跨部门和跨境传染。

  然而，尽管具有"时变"特征的逆周期调节宏观审慎管理可以有效"熨平"短期波动，倘若调节力度过强，却可能刺激经济泡沫、导致金融风险加剧，且频繁的逆周期调节不利于形成稳定的市场预期，甚至会引发产能过剩、杠杆率攀升等内生风险而加剧结构性问题，使得经济增长潜力和活力难以持续。为了克服逆周期调节这一缺陷，我国在充分借鉴西方新凯恩斯主义经济学关于逆周期宏观审慎管理论述的基础上，结合对宏观审慎政策实践的深入思考，确立了统筹协调逆

---

1. 有关金融机构及金融市场顺周期行为及其与金融危机关联的文献可谓汗牛充栋。例如：Mark Gertler and Nobuhiro Kiyotaki. Financial Intermediation and Credit Policy in Business Cycle Analysis [M]//*Handbook of Monetary Economics, vol. 3*, edited by B. M. Friedman and M. Woodford. Amsterdam: Elsevier Science, 2009, pp.547-599。数字经济时代，人工智能、算法交易的大量使用，使投资者行为更加趋同，导致更大的顺周期性波动,甚至造成金融市场闪崩。参见：陈昌盛，许伟. 数字宏观：数字时代的宏观经济管理变革 [M]. 北京：中信出版社，2022。

周期调节与跨周期调节[1]的指导思想。跨周期调节与逆周期调节相结合，有利于在平抑短期经济波动的同时，更好地解决影响中长期发展的结构性、体制性问题，有效防范化解重点领域风险，统筹好金融发展与金融安全，实现稳增长防风险长期动态均衡。

于外，以美国、欧盟为代表的经济体为应对国际金融危机、欧债危机、新冠疫情冲击，先后实行大规模量化宽松，跨境资本尤其是短期跨境资本流动具有逐利性、易超调[2]和顺周期性等特点，短期资本大进大出、快进快出极易引发跨境风险甚至金融危机，金融机构通过金融合约关联和（或）持有共同风险敞口所形成的"稳健但脆弱"[3]的金融网络联结日益紧密，[4]叠加全球主要经济体财政政策和货币政策调整形成的风险外溢，有可能对我国金融安全形成外部冲击，因而完善参与全球金融安全治理机制势在必行。

---

1. 纵观历史，金融泡沫的破裂易出现于经济周期的高位转折点，例如，熊彼特将1929—1933年间的大萧条解释为基钦周期（库存周期）、朱格拉周期（投资周期）和库兹涅茨周期（建筑周期）高位转折点的叠加巧合。大多数时候，不同的周期相互交叉——一个周期的峰值可能对应另一个周期的低谷，从而创造出介于全面繁荣和极端危机之间的商业环境。这一观点事实上为跨周期调节提供了特征事实基础。参见：Joseph A. Schumpeter. History of Economic Analysis [M]. London: George Allen & Unwin, 1954。
2. 金融市场对外部冲击做出过度调整，即偏离了在价格完全弹性情况下调整到位后的均衡价格，这种现象称为超调（overshooting）。参见：Rudiger Dornbusch. Expectations and Exchange Rate Dynamics [J]. Journal of Political Economy, 1976, vol. 84, pp. 1161-1176。
3. 金融网络交易对手的多元化有助于降低单个机构的失败概率，是为"稳健"；但重大冲击会导致某个机构破产，金融机构间的相互依赖可能使冲击的传播更普遍、更广泛，是为"脆弱"。参见：Andy Haldane. Rethinking the Financial Network [R]. Speech given at the Financial Student Association, Amsterdam, April 28, 2009。
4. Matthew O. Jackson. Systemic Risk in Financial Networks: A Survey[J]. Annual Review of Economics, 2021, vol.13, pp.171-202.

2017年，我国在实践探索中提出了跨境资本流动"宏观审慎+微观监管"两位一体框架制度，有效维护外汇市场稳定，促进跨境资金双向均衡流动，提升了防范跨境资本流动风险和维护国家经济金融安全的能力；通过加快推进人民币国际化、拓展双边清算合作、强化人民币跨境支付系统（CIPS）应用、推动人民币数字货币建设、强化香港国际金融中心地位、健全内地资本市场功能等举措有序降低对美元体系的依赖。我国积极参与国际金融秩序优化治理，增强新兴市场国家和发展中国家的金融话语权，主张应该完善全球金融安全网，加强在金融监管、国际税收、反腐败领域合作，建设稳定、抗风险的国际货币体系，改革特别提款权货币篮子组成，加强国际和区域金融合作机制的联系，建立金融风险防火墙，提高世界经济抗风险能力。

其二是激励相容，为维护全球金融安全提供中国智慧和中国方案。

"金融三元悖论"[1]认为，金融稳定、独立的国内金融政策、金融体系的全球化，三者只有二者可以同时存在。这意味着金融全球化对一国金融安全及金融政策有效性的影响不容忽视，监管套利的存在使得国际合作成为必要，唯其如此，方能提高金融政策的有效性并遏制其外溢性。[2]

金融全球化的一个重大隐患是金融风险的快速传染从而引发全球金融危机，使得经济运行的不确定性大大增加。在经济金融全球化背景下，金融安全既包括国际货币基金组织倡导建立全球金融安全网

---

1. Dirk Schoenmaker. The Financial Trilemma[J]. *Economics Letters*, 2011, vol.111, no.1, pp.57-59.
2. Maurice Obstfeld. Two Trilemmas for Monetary Policy[R]. Speech at Bank Negara Malaysia Conference on "Monetary Policy 2.0 ?", July 24, 2017.

所要处理的流动性不足、债务过高等与客观困难有关的无意风险问题，也包括特定国家通过金融基础设施武器化冲击别国稳定或运用制裁手段限制他国金融主体运营等相关的有意风险问题。[1]金融安全的参与主体是追求自身利益最大化的理性行为体，如何实现激励相容，维护安全和稳定，构建金融安全共同体，"大禹改进"[2]是关键。亦即，让来自其他行为体的有意风险威胁能力转变为防控共同的无意风险威胁的能力。金融领域的有意风险威胁在逆转威胁意图之后，各国不仅不再构成彼此的金融风险威胁，还能形成共同应对无意金融风险威胁的能力，从而显著提升整体金融安全水平。

我国始终重视共识的达成与制度的建设[3]，倡导各国秉持共同、综合、合作、可持续的安全观，推动构建均衡、有效、可持续的金融

---

1. Henry Farrell and Abraham L. Newman. Weaponized Interdependence: How Global Economic Networks Shape State Coercion[J]. *International Security*, 2019, vol.44, no.1, pp.42-79.
2. 据《淮南子·原道训》记载，大禹之父筑"三仞之城"来防范风险，结果陷入了安全投入增加而安全水平下降的困境。大禹改其道而行之，"坏城平池，散财物，焚甲兵，施之以德"，在降低安全投入的同时增加物资及道德等方面的公共产品，得到诸侯和四夷的认同和支持。参见：张宇燕，冯维江.新时代国家安全学论纲[J].中国社会科学，2021（7）：157。
3. 共识有助于超越自利，制度可约束自利行为和鼓励利他行为。巴苏在对共识、道德与策略关系的分析中，基于监禁博弈的推演，强调事前达成共识与制度的重要性，而共识能够帮助我们无须借助超越个人利益的外力，而实现一个较好的结果。参见：Kaushik Basu. Conventions, Morals and Strategy: Greta's Dilemma and the Incarceration Game [J]. *Synthese*, 2022, vol.200, no.1, pp.1-19。博弈论的焦点均衡（focal equilibrium，即个体对自身在社会情境中的行为抱持共同的信念）分析表明，当参与者遵循特定规范时，某些策略将变得稳定。参见：H. Peyton Young. The Evolution of Social Norms [J]. *Annual Review of Economics*, 2015, vol.7, pp.359-387。不仅如此，规范也可能内化为偏好，从而影响参与者对某些行为和选择的评价方式。参见：Gabriel Almond and Sidney Verba. *The Civic Culture: Political Attitudes and Democracy in Five Nations* [M]. New York: SAGE Publications, 1963。

风险防控架构，呼吁各国加强政策协调，减少负面外溢效应，共同维护金融稳定与金融安全。

鉴于当下全球金融稳定和安全的主要威胁来自资本流动波动、气候变化[1]和与大流行病相关的外部冲击[2]，中国持续加强与全球金融安全网（GFSN）核心机构国际货币基金组织的协作，推动全球和地区金融安全网不断提升共同应对无意金融风险威胁的能力；开展本币互换，维护区域金融稳定；推动主要经济体中央银行加强沟通，避免政策分歧导致市场预期剧烈波动[3]；促成扩大国际货币基金组织向低收入国家提供优惠贷款的"减贫与增长信托"规模以及设立向低收入国家、中等收入国家提供长期贷款的"韧性与可持续性信托"；参与发起监管机构绿色金融网络（NGFS）和可持续金融国际平台，深化可持续金融领域的国际合作；与二十国集团（G20）各国共同制定并实施了"暂缓最贫困国家债务偿付倡议"，支持最贫困国家应对疫情挑战。

针对全球金融安全网的覆盖范围尤其是新兴市场和发展中经济

---

1. 研究表明，环境可持续性挑战与经济和金融风险之间存在联系，与气候相关的金融风险（即"绿天鹅"事件）有可能引发下一次系统性金融危机（又称气候"明斯基时刻"）。参见：Kern Alexander and Paul Fisher. Banking Regulation and Sustainability. November 5, 2018; Patrick Bolton, Morgan Després, Luiz Awazu Pereira da Silva, Frédéric Samama and Romain Svartzman. The Green swan: Central Banking and Financial Stability in the Age of Climate Change [R]. Bank for International Settlements and Banque de France, 2020。
2. Kevin P. Gallagher, Haihong Gao, Ulrich Volz, José Antonio Ocampo and William N. Kring. Expanding the Global Financial Safety Net [R]. Boston University Working Paper, 2020.
3. 例如，中国在担任G20主席国期间，在G20领导人杭州峰会公报中，各方重申汇率的过度波动和无序调整会影响经济金融稳定，将就外汇市场密切讨论沟通，并重申将避免竞争性贬值和不以竞争性目的来盯住汇率。

体仍然存在严重不平等的现实[1]，中国始终致力于推动金融安全的地区性融资安排（RFAs），积极推动清迈倡议多边化（CMIM）进程修正案于 2021 年 3 月 31 日正式生效，将除美元外使用成员国本币融资制度化，增强了应对外部流动性需求和国际收支困难的缓冲，充分体现了我国为促进全球金融安全合作的"大禹改进"努力与稳定全球金融市场的大国担当。

---

1. Laurissa Mühlich, Barbara Fritz and William N. Kring. Towards the Marginalization of Multilateral Crisis Finance? The Global Financial Safety Net and COVID-19[R]. GEGI Policy Brief 015. Boston, MA, Global Development Policy Center, 2021.

第五章

扩大金融开放:
金融高质量发展的内在需要

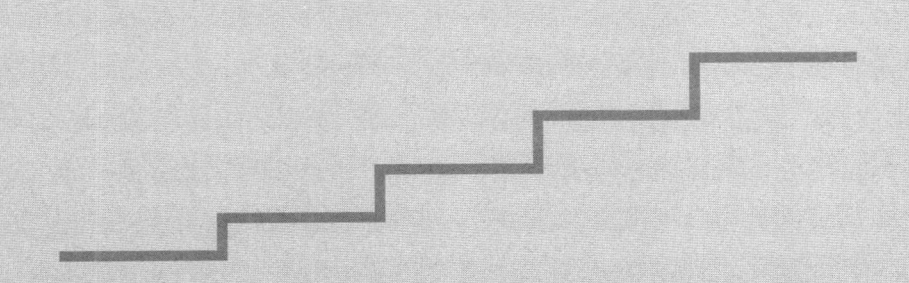

改革开放以来,我国坚持对外开放基本国策,打开国门搞建设,实现了从封闭半封闭到全方位开放的伟大历史转折。改革开放的成就充分证明,对外开放是推动我国经济社会发展的重要动力,以开放促改革促发展是我国不断取得新成就的重要法宝。新时代新征程,党的二十大报告明确提出"坚持高水平对外开放",并强调"稳步扩大规则、规制、管理、标准等制度型开放"[1]的战略部署。金融开放,作为对外开放的重要组成部分,是加快构建以国内大循环为主体、国内国际双循环相互促进的新发展格局的有力支撑,同时也是我国应对百年未有之大变局下的主动作为。对金融本身而言,高水平对外开放是加快建设金融强国的内在要求,亦是推动金融高质量发展的内在需要。

---

1. 习近平.高举中国特色社会主义伟大旗帜　为全面建设社会主义现代化国家而团结奋斗——在中国共产党第二十次全国代表大会上的报告[J].求是,2022(21).

第一节

扩大金融高水平开放与金融高质量发展

推动金融高质量发展，显然不能走封闭僵化的路子，必须持续推进金融高水平开放。高水平开放是金融高质量发展的题中应有之义。

一、金融高水平开放是构建新发展格局的有力支撑

党的二十大报告明确提出，"坚持高水平对外开放，加快构建以国内大循环为主体、国内国际双循环相互促进的新发展格局""把实施扩大内需战略同深化供给侧结构性改革有机结合起来，增强国内大循环内生动力和可靠性，提升国际循环质量和水平"，这为新征程经济金融工作"怎么看""怎么干"指明了方向。金融的高水平双向开放将为加快构建国内国际双循环新发展格局提供有力支撑。

一方面，金融"引进来"可以增强"内循环"。引进外资金融机构有助于促进国内金融业开展良性竞争，推动金融制度优化供给，提高我国金融资源配置的效率。而金融资源配置的效率在很大程度上决定了实体经济投入产出的效率，这是"金融是现代经济的核心"的根本要义，也是将深化金融供给侧结构性改革同实施扩大内需战略有机结合起来的底层逻辑所在。

另一方面，金融"走出去"可以提升"外循环"及促进两大循环的良性互动。这里面包含两个层面的含义。一是，通过金融"走出去"，服务好企业"走出去"及"一带一路"建设。二是，通过金融高水平开放，加快区域金融一体化步伐，从而为两大循环的联结提供重要纽带。比如人民币国际化就将进一步畅通国内国外资金流动渠道，吸引更多外商来华投资，从而有助于增强国内国际两个市场两种资源的联动效应，促进实体经济发展。

二、金融高水平开放是应对百年未有之大变局的主动作为

当前，世界之变、时代之变、历史之变正以前所未有的方式展开。国际经济格局持续演变，全球治理体系深刻重塑，单边主义、保护主义明显上升，经济全球化遭遇逆流。早在 1848 年，马克思和恩格斯就强调了各国之间经济交往的历史必然性，"过去那种地方的和民族的自给自足和闭关自守状态，被各民族的各方面的互相往来和各方面的互相依赖所代替了"[1]。

面对百年未有之大变局，中国始终坚持经济全球化的正确方向，坚持对外开放的基本国策，强调"中国开放的大门不会关闭，只会越开越大"。金融高水平开放是我国应对百年未有之大变局的主动作为。我国坚定奉行互利共赢的开放战略，推动贸易和投资自由化便利化，推进双边、区域和多边合作，做出更高水平金融开放承诺，通过更加主动地参与全球经贸体系、金融体系，推动全球经济一体化，从而在

---

1. 马克思，恩格斯.共产党宣言［M］.北京：人民出版社，2018：31.

根本上规避"脱钩断链"风险。与此同时，我国也积极加强国际宏观经济金融政策对话，通过 G20 等全球治理平台，参与金融治理和政策协调，共同营造有利于发展的国际环境，提升全球经济金融韧性，培育全球发展新动能。

三、金融高水平开放是推动金融高质量发展的内在需要

习近平总书记在省部级主要领导干部推动金融高质量发展专题研讨班开班式上发表重要讲话时指出，"通过扩大对外开放，提高我国金融资源配置效率和能力，增强国际竞争力和规则影响力"[1]，这一表述深刻反映出我国旨在通过更广泛的国际竞争与合作，推动我国金融高质量发展的战略部署。

具体而言，竞争层面，以开放促改革促发展是我国现代化建设不断取得新成就的重要法宝，"改革和开放相辅相成、相互促进，改革必然要求开放，开放也必然要求改革"[2]，其中的底层逻辑在于，改革因涉及利益关系重组天然存在内生障碍，开放则成为推动改革甚至倒逼改革的外生动力。高水平开放促使我国金融体系在激烈的国际竞争中不断完善提升，通过深化金融体制机制改革，增强资产定价、风险管理等核心能力，进而优化金融资源配置的效率和能力。合作层面，高水平的开放与交流，可以带来资本、技术、产品、人才、管理理念等宝贵资源，推动我国金融机构与国际先进水平接轨。

---

1. 习近平. 坚定不移走中国特色金融发展之路 推动我国金融高质量发展［N］.人民日报，2024-01-17（1）.
2. 新华社. 中央全面深化改革领导小组第十六次会议召开［EB/OL］.（2015-09-15）［2024-02-18］. https://www.gov.cn/xinwen/2015/09/15/content_2932105.htm.

此外，高水平开放还有助于增强我国金融体系的韧性，通过更好融入全球金融体系，有效增强外部冲击的应对能力，防范化解金融风险。更进一步地，在规则影响力上，通过高水平开放积极参与国际金融合作，有助于发展中国家实现平等参与、联合共治、以发展为导向的治理理念，推动全球金融治理朝着更加公平合理的方向发展。

四、金融高水平开放是加快建设金融强国的内在要求

习近平总书记指出，金融强国应当具备六大关键核心金融要素，强调应当"拥有强大的货币、强大的中央银行、强大的金融机构、强大的国际金融中心、强大的金融监管、强大的金融人才队伍"[1]。关于"强大的货币"，中国人民银行行长潘功胜解读为"一个强大的货币，可以更好履行价值尺度、流通手段、支付手段和储藏手段功能，增强货币持有者的信心"[2]，具体到实际场景中，则表现为人民币可以在内外贸往来中充当价值尺度，可以在对外贸易投资活动中充当结算货币，可以对内对外保持币值稳定，等等。金融高水平开放无疑将在其中扮演重要角色，是打造强大货币的关键路径。马克思明确主张"只有对外贸易，只有市场发展为世界市场，才使货币发展为世界货币"[3]。

随着我国经济实力的不断提升，人民币走向全球符合中国的根本

---

1. 习近平．坚定不移走中国特色金融发展之路　推动我国金融高质量发展［N］．人民日报，2024-01-17（1）．
2. 国务院新闻办公室．国新办举行贯彻落实中央经济工作会议部署、金融服务实体经济高质量发展新闻发布会［EB/OL］．（2024-01-24）［2024-02-18］．http://www.scio.gov.cn/live/2024/33253/tw/．
3. 马克思恩格斯全集（第26卷）［M］．北京：人民出版社，1974：278．

第五章　扩大金融开放：金融高质量发展的内在需要

利益，金融高水平开放将通过推动人民币清算便捷化和投融资功能国际化，促进人民币在跨境贸易和投融资中的广泛使用，从而增强人民币在国际金融体系中的流通和储备。此外，金融高水平开放也有助于优化人民币汇率形成机制，提升国际投资者持有人民币及人民币资产的信心，助力提升人民币的国际货币地位。关于"强大的国际金融中心"，金融高水平开放为国际资本的进入提供了便利条件，使得外国投资者和金融机构能够更加自由地参与中国金融市场，增加资本的流动性和市场的活跃度。更进一步地，金融高水平开放有助于推动中国金融体制机制的改革和创新，从而增强金融市场的效率和透明度，为建设具有国际竞争力的金融中心夯实基础。

第二节

我国金融开放已经取得显著成效

党的十八大以来，习近平总书记多次指出，要扩大金融对外开放，积极稳妥推动金融业对外开放，合理安排开放顺序；要提高金融业全球竞争能力，扩大金融高水平双向开放，提高开放条件下经济金融管理能力和防控风险能力，提高参与国际金融治理能力。近些年，我国围绕金融部门开放、金融市场开放和资本账户开放等方面，与时俱进迎开放，循序渐进稳布局，从单向开放到双向开放，从鼓励"引进来"到坚持"引进来""走出去"并重，从注重要素型开放到强调制度型开放，金融开放持续推进实践创新和理论创新，取得了显著成绩，积累了宝贵经验。

一、金融开放进入新阶段

党的十八大以来，以习近平同志为核心的党中央坚持将改革开放向纵深推进，在对外开放领域作出一系列重大部署。2015年10月29日，习近平总书记在党的十八届五中全会第二次全体会议上的讲话提出要坚持创新、协调、绿色、开放、共享的发展理念，明确指出在开放领域现在的问题是"如何提高对外开放的质量和发展的内外联动性"。基于对国际形势新变化的准确判断，党的十九大报告明确了推动形成全面开放新格局的重大战略部署，强调"开放带来进步，封闭必然落后""中国开放的大门不会关闭，只会越开越大""中国坚持对外开放的基本国策，坚持打开国门搞建设""发展更高层次的开放型经济"。

具体到金融领域，通常意义上的金融开放包括金融部门开放、金融市场开放和资本账户开放。[1] 关于金融部门开放，2018年4月，习近平总书记在博鳌亚洲论坛年会开幕式上重申开放理念，承诺中国将采取大幅度放宽市场准入的重大举措并尽快使之落地。随后，中国人民银行行长易纲在博鳌亚洲论坛年会上宣布了中国金融业对外开放时间表，其中包含11条相关政策安排（简称"老十一条"，见表5-1）。2019年2月22日，中央政治局第十三次集体学习对中国金融业高水平开放提出更具体的要求：要提高金融业全球竞争能力，扩大金融高水平双向开放，提高开放条件下经济金融管理能力和防控风险能力，提高参与国际金融治理能力。2019年7月20日，国务院金融稳定发展委员会办公室发布《关于进一步扩大金融业对外开放的有关举措》，更新了11条金融对外开放措施（简称"新十一条"，见表5-2）。从新老十一条的具体内容来看，新一轮的金融开放主要体现在金融部门和金融市场的开放，包括持股比例的放开、业务范围的放开、设立条件的放开、制度管理的优化等。从中不难看出，2018年以来我国金融业对外开放的步伐明显加快，开放广度扩大、深度加深。

---

1. 陈雨露，罗煜. 金融开放与经济增长：一个述评 [J]. 管理世界，2007（4）.

表 5-1 "老十一条"

银行业	1	取消银行和金融资产管理公司的外资持股比例限制，内外资一视同仁；允许外国银行在我国境内同时设立分行和子行
	2	鼓励在信托、金融租赁、汽车金融、货币经纪、消费金融等银行业金融领域引入外资
	3	对商业银行新发起设立的金融资产投资公司和理财公司的外资持股比例不设上限
	4	大幅度扩大外资银行业务范围
保险业	5	允许符合条件的外国投资者来华经营保险代理业务和保险公估业务
	6	放开外资保险经纪公司经营范围，与中资机构一致
	7	全面取消外资保险公司设立前需开设 2 年代表处要求
证券业	8	将证券公司、基金管理公司、期货公司、人身险公司的外资持股比例上限放宽至 51%，3 年后不再设限
	9	不再要求合资证券公司境内股东至少有一家是证券公司
	10	不再对合资证券公司业务范围单独设限，内外资一致
资本市场	11	为进一步完善内地与香港两地股票市场互联互通机制，从 5 月 1 日起把互联互通每日额度扩大 4 倍，即沪股通及深股通每日额度从 130 亿调整为 520 亿元人民币，港股通每日额度从 105 亿调整为 420 亿元人民币

资料来源：根据公开资料，作者整理。

表 5-2 "新十一条"

推动外资投资便利化	1	鼓励境外金融机构参与设立、投资入股商业银行理财子公司
	2	允许境外资产管理机构与中资银行或保险公司的子公司合资设立由外方控股的理财公司
	3	允许境外金融机构投资设立、参股养老金管理公司
	4	支持外资全资设立或参股货币经纪公司

（续表）

推动外资投资便利化	5	人身险外资股比限制从 51% 提高至 100% 的过渡期，由原定 2021 年提前到 2020 年
	6	取消境内保险公司合计持有保险资产管理公司的股份不得低于 75% 的规定，允许境外投资者持有股份超过 25%
	7	将原定于 2021 年取消证券公司、基金管理公司和期货公司外资股比限制的时点提前到 2020 年
放宽外资设立机构条件	8	放宽外资保险公司准入条件，取消 30 年经营年限要求
扩大外资机构业务范围	9	允许外资机构在华开展信用评级业务时，可以对银行间债券市场和交易所债券市场的所有种类债券评级
	10	允许外资机构获得银行间债券市场 A 类主承销牌照
资本市场开放	11	进一步便利境外机构投资者投资银行间债券市场

资料来源：根据公开资料，作者整理。

关于金融市场开放，2018 年以来我国就推进资本市场投资便利化进行了多项制度改革。在 QFII（合格境外机构投资者）和 RQFII（人民币合格境外机构投资者）制度建设方面，2018 年 6 月，取消 QFII 每月汇出资金比例限制，同时取消 QFII 和 RQFII 的本金锁定期。2019 年 1 月，QFII 总额度由 2013 年 7 月份确定的 1500 亿美元上调至 3000 亿美元。2019 年 9 月，取消 QFII 和 RQFII 投资额度限制，同时取消 RQFII 试点国家与地区限制。2023 年 11 月，中国人民银行、国家外汇管理局发布《境外机构投资者境内证券期货投资资金管理规定（征求意见稿）》，首次明确 QFII 以外币汇入进行投资的，与其外币专用账户对应的人民币专用存款账户内的资金可以直接以人民币汇出，而不强制要求兑换为外币后再汇出。在推进内地与港、澳市场互联互通方面，"沪港通"与"深港通"试点分别于2014年和2016年相继开通，允许中国内地投资者购买在港交所上市的香港和内地公司股票，同时开放香港投资者参与内地A股市场的限制。2017年6月，"债券通"中投资内地银行间债券市场的"北向通"率先试营。2021年9月，"南向通"上线，支持内地机构投资者投资于香港债券市场。2022年7月，中国人民银行、香港证券及期货事务监察委员会、香港金融管理局发布联合公告，宣布开展内地与香港利率互换市场互联互通合作，并计划先行开通"北向互换通"，支持香港及其他国家和地区的境外投资者经由香港与内地基础设施机构之间在交易、清算、结算等方面互联互通，参与中国内地银行间金融衍生品市场。2023年4月，中国人民银行颁布《内地与香港利率互换市场互联互通合作管理暂行办法》，为规范开展内地与香港利率互换市场互联互通合作相关业务、保护境内外投资者合法权益、维护利率互换市场秩序提供制度依据。

较之金融部门和金融市场的开放，我国在资本账户的开放上更为审慎，相关实践和理论探索也从未止步。

从开放顺序看，我国整体采取了"先流入后流出、先长期后短期、先直接后间接、先机构后个人"的渐进模式[1]；有学者通过分析全球112个国家（地区）资本账户子项目开放的经验规律，提出可较早开放外商直接投资流入、信贷的流出和流入、资本市场的流出，靠后开放外商直接投资流出，最后开放房地产子项目[2]；也有学

---

1. 盛松成，孙丹.利率汇率改革与资本账户双向开放[J].中国金融，2020（19）.
2. 陈中飞，王曦.资本账户子项目开放的经济增长效应及中国应用[J].管理世界，2019，35（1）.

者提出按开放直接投资、开放股权投资和开放债务投资的顺序推进资本账户开放[1]。从开放水平来看，中国直接投资开放程度最高，证券投资开放程度次之，货币市场、衍生品市场与跨境借贷方面保留限制较多。从法理指标（De Jure）看，2017 年，时任国际货币基金组织驻华首席代表席睿德（Alfred Schipke）指出，"国际货币基金组织研究表明，在资本账户的 53 个类别中，中国仍有 43 个类别存在一定程度的管制，因此，可以认为资本账户仍然相对封闭"[2]。还有学者认为，我国资本账户开放程度通常与国内国际宏观经济运行及风险情况密切相关，譬如为兑现"入世"承诺，我国资本账户管制在一段时期内趋于放松[3]。2008 年全球金融危机期间，为防止金融风险向国内传导，我国适时加强了对资本账户的管制；在全面深化改革措施的强力推动下，2012 年至 2014 年间我国资本账户开放有所提速；但当经济增长步入"新常态"、深层次结构性矛盾与外部风险交织叠加时，我国资本账户开放进程再度放缓；随着我国经济向高质量发展阶段迈进，我国资本账户始终保持适度稳慎开放节奏。同时，由于法理指标容易忽略开放过程中的诸多变化细节，参考一些学者的观察[4]，从事实角度（De Facto）分析我国资本账户实际开放程度，发现截至 2023 年末，境外机构在中国债券市场的托管余额为 3.72 万亿元，仅占中国债券市场托管余额的 2.4%；此外，截至 2023 年 8 月，外资持有 A 股市值规模约 3.5 万亿元，占 A 股总市值的比重为

---

1. 胡亚楠. 资本账户开放的门槛效应及路径研究［J］. 世界经济研究，2020（1）.
2. 张明. 跨境资本流动新特征与资本账户开放新讨论［J］. 财经智库，2022（1）.
3. 彭红枫，朱怡哲. 资本账户开放、金融稳定与经济增长［J］. 国际金融研究，2019（2）.
4. 张礼卿. 对中国资本账户开放进程的一些观察与思考［J］. 国际金融，2021（11）.

3.8%。以上事实表明我国资本账户实际开放程度相对较低。

二、金融开放取得显著成效

1. 金融双向开放格局日渐形成

党的十八大以来，我国坚持"引进来"和"走出去"并重，金融双向开放格局日渐形成，取得显著成效。"引进来"准入限制大幅度放宽，外资银行、保险、证券、资管等进入门槛与持股比例限制持续降低。截至2023年底，共有来自52个国家和地区的202家银行在华设立机构，其中包括41家外资法人银行、117家外国及港澳台地区银行分行以及131家代表处，外资银行的营业性机构总数达到895家，覆盖中国绝大部分省、自治区和直辖市。外资保险机构在华设立67家分支机构和73家代表处，全球规模最大的40家保险公司中已有近50%在华展业。外资证券类公司在华设立18家外资参控股机构。

"走出去"方面，以中国银行、工商银行、建设银行、农业银行、交通银行为代表的中国银行业国际化进程取得较大进展。截至2023年6月末，五大行已经在境外67个国家和地区设立经营性机构，基本覆盖主要国际性、区域性金融中心，其中，中国银行、工商银行、建设银行、农业银行和交通银行境外机构分别覆盖63个、49个、31个、18个和18个国家和地区。证券机构方面，截至2023年7月末，内地有近80家证券期货基金经营机构在港设立子公司。截至2023年6月末，获准开展跨境业务的券商共10家，跨境业务包括跨境场外衍生品业务、跨境自营投资业务、跨境收益凭证业务、债券"南向通"业务等。

2. 对共建"一带一路"的金融支持不断完善

党的二十大报告提出"推动共建'一带一路'高质量发展"。近年来，中国金融机构对于"一带一路"的金融支持在不断完善，资金融通成为"一带一路"建设的重要保障。截至 2023 年 6 月末，13 家中资银行在 50 个"一带一路"共建国家设立 145 家一级机构，6 家中资保险机构在 8 个共建国家设立 15 家境外分支机构。截至 2022 年末，政策性银行在共建国家贷款合计 3.1 万亿元，大型商业银行在共建国家贷款余额约 2.3 万亿元。中资保险公司亦持续为"一带一路"项目提供保险保障支持。2020 年 7 月，银保监会指导 11 家中外资保险公司成立中国"一带一路"再保险共同体，通过发挥再保险独特的专业技术优势，加强产品创新和业务数据标准化，全面提升中资海外利益特殊风险保障水平。目前共同体成员已有中国再保险集团、人保财险等共 23 家中外保险、再保险公司。截至 2023 年 6 月末，"一带一路"共同体累计承保"一带一路"项目 74 个，保障境外总资产 570 亿元人民币。[1]

3. 金融市场互联互通稳步提升

为打通包括非机构投资者在内的各类型投资者双向跨境股权投资渠道，"沪港通"与"深港通"分别于 2014 年和 2016 年开通，"沪伦通"随后于 2019 年上线。股票市场之外，债券市场的"债券通"也紧随其后，其中投资内地银行间债券市场的"北向通"于 2017 年率先试营，"南向通"于 2021 年相继推进。2023 年，互联互通的交易范围更是扩展至衍生品市场，以利率互换为标的的"互换通"于 2023 年 5 月启动。随着境内外金融市场互联互通机制的不断优化，

---

1. 数据来源：国家金融监督管理总局.银行业保险业支持共建"一带一路"走深走实［EB/OL］.（2023-10-17）［2024-02-18］. https://www.cbirc.gov.cn/cn/view/pages/ItemDetail.html?docId=1132178&itemId=915&generaltype=0.

相应类别的交易金额持续提升。根据中国证监会数据，截至2023年12月末，"沪股通"日均成交额502.00亿元，"深股通"日均成交额577.64亿元，"港股通（沪）"日均成交额144.43亿元，"港股通（深）"日均成交额135.95亿元。根据债券通公司数据，2023年11月，"债券通"北向通交易量9856亿元，月度日均交易量448亿元，其中，国债及政策性金融债交易量最大，分别占月交易量的48%和35%，入市投资者819家，月度交易笔数7773笔。根据中国人民银行数据，截至2023年末，"互换通"共有境内报价商20家，境外投资者51家，累计成交2000多笔，名义本金超过9000亿元。

4. 人民币国际化进程加速

人民币作为支付货币的功能加速提升，经营主体使用人民币跨境结算日益增多。从国内看，2023年3月，人民币在我国跨境交易中的占比提升至48.4%，超过美元；2023年7月，占比更是首次超过50%，达到51.1%；从全球看，根据金融报文传送服务机构SWIFT（环球同业银行金融电信协会）最新的月度报告[1]，2023年11月，人民币在全球支付中超过日元，升至第四大最活跃货币。与此同时，人民币储备货币功能持续提升，根据国际货币基金组织数据，截至2022年末，全球央行持有的人民币储备规模为2984亿美元，占比2.69%，较2016年人民币刚加入特别提款权（SDR）时提升1.62个百分点，在主要储备货币中排名第五位。据不完全统计数据，至少有

---

1. Swift. RMB Tracker Monthly reporting and statistics on renminbi (RMB) progress towards becoming an international currency (January 2024). [EB/OL]．[2024-02-18]．https://www.swift.com/our-solutions/compliance-and-shared-services/business-intelligence/renminbi/rmb-tracker/rmb-tracker-document-centre.

80多个境外央行或货币当局将人民币纳入外汇储备。与此同时，国际货币基金组织在2022年将人民币在SDR中的权重由10.92%上调至12.28%，反映出国际社会对于人民币认可度的提高。融资货币方面，2022年末，国际清算银行公布的人民币国际债务证券存量为1733亿美元，排名升至第7位，同比提升2位；SWIFT数据显示，2023年9月，人民币在全球贸易融资中占比为5.8%，同比上升1.6个百分点，排名上升至第二位[1]。整体而言，当前人民币已成为全球第四大支付货币、第五大储备货币、第二大贸易融资货币。表5-3总结了人民币国际化的最近进展，支付货币、储备货币、交易货币、投资货币等各维度的数据均显示，近年来人民币国际化的进程持续加速。

表5-3 人民币国际化进展

细项指标	2023年（或最新可查数据）
作为国际支付货币	SWIFT人民币支付占比4.14%，超过日元上升为全球第四大最活跃货币，仅次于美元、欧元、英镑
作为外汇交易货币	2022年4月，人民币在全球外汇市场交易量占比2.44%，全球第五
作为跨境投资货币	2023年1~9月，证券投资人民币跨境收付金额合计21.6万亿元，同比增长19.7%
作为跨境交易结算货币	2023年7月，人民币在我国跨境交易收入总金额中占比51.1%
跨境支付清算基础设施	截至2023年9月，央行授权境外人民币清算行共31家
作为国际储备货币	截至2022年末，全球央行持有的人民币储备规模为2984亿美元，占比2.69%，在主要储备货币中排名第五位

---

1. 数据均来源于中国人民银行《2023年人民币国际化报告》，详见http://www.pbc.gov.cn/goutongjiaoliu/113456/113469/5114765/20231027201751265l6.pdf。

（续表）

细项指标	2023年（或最新可查数据）
在SDR篮子中份额	2022年5月，人民币权重由10.92%上调至12.28%，全球第三
双边货币互换	共与40个国家及地区签署了双边本币互换协议，货币规模超过4万亿元人民币

资料来源：安永，《中国金融改革开放2023年度报告》

5. 国际金融规则影响力不断提升

自2008年全球金融危机爆发以来，世界经济格局经历了深刻变化，催生了对传统国际金融组织进行改革的迫切需求。中国与其他发展中国家开始通过G20、国际货币基金组织、国际清算银行、多边开发银行等全球治理平台，积极参与金融治理和政策协调。中国提出"一带一路"倡议，特别是通过成立丝路基金和亚洲基础设施投资银行（AIIB），投入巨额资金支持沿线国家的基础设施建设，有效缓解了这些国家的发展融资难题，促进了全球经济的稳定增长。G20杭州峰会上，中国倡议构建一个更加平等的国际金融新秩序，强调在国际金融体系中实现权利平等、机会平等、规则平等，展示了在全球经济治理中的领导力。此外，将绿色金融列入G20议题，与美国财政部牵头完成《G20可持续金融路线图》等，均体现出中国对于促进全球经济可持续发展的承诺。目前，中国在金融稳定理事会（Financial Stability Board）中拥有3个席位，算上香港地区席位，中国成为在这个全球金融规则制定主导机构中拥有席位最多的国家[1]。

---

1. FSB. https://www.fsb.org/about/organisation-and-governance/members-of-the-financial-stability-board/.

第三节

我国金融开放的经验总结

中国 40 多年的金融开放取得了显著成就，既促进了经济的高速增长，又保持了经济金融整体的稳定，没有发生系统性金融危机，其中的经验可以总结为如下 3 个主要方面。

一、金融开放程度与金融发展水平相匹配

发达国家通常采用"金融自由化"一词指代金融市场的双向开放。"金融自由化"概念最早由斯坦福大学的罗纳德·麦金农[1]和爱德华·肖[2]于 1973 年提出，随后这一理论迅速发展，成为发展中国家金融开放的主要理论指导。然而许多国家实行了与这一理论高度一致的金融政策，并没有取得预期的效果。究其原因，理论建立在假设的基础之上，而现实却与假设并不完全一致。如，理论认为"管制不利于

---

1. Ronald I. McKinnon. *Money and Capital in Economic Development*[M]. Washington DC: Brookings Institution Press, 1973.
2. Edward S. Shaw. *Financial Deepening in Economic Development*[M]. Oxford: Oxford University Press, 1973.

提升金融效率",其中存在的前提假设为,不存在管制的金融市场是有效的[1]。

然而,金融市场并非完全有效——发达国家的市场经过了数百年的发展逐步成熟起来,而发展中国家不具备相应的条件。脱离自身的实际发展水平,盲目冒进开放,正是许多发展中国家金融改革的教训所在。与此形成鲜明对比的是,中国采用了更加务实的开放举措,充分考虑了市场只能逐步成熟这一基本规律,采用了与金融发展水平相匹配的开放策略,实现了金融的逐步开放与稳定发展。

二、金融开放始终围绕经济社会发展目标

服务国家经济社会发展始终是中国金融开放的根本指导原则。改革开放以来,围绕经济社会发展的核心需求,金融开放的策略和重点一直在不断调整中。改革开放早期,金融开放主要聚焦于吸引更多外资及积累外汇储备,以此支持国家经济建设的资本需求。随着我国加入世界贸易组织,特别是2008年全球金融危机之后,金融开放的焦点转向促进金融服务实体经济,以期通过市场开放引进国际先进管理经验,增强我国金融体系服务实体经济的质效。国际比较而言,俄罗斯的金融市场开放过程则长期与实体经济脱节,导致资本市场泡沫聚集及投机行为蔓延,最终形成经济金融的恶性循环。[2] 坚持服务经济社会发展的总体目标,是确保金融开放始终沿着正确轨道前进的重要经验。

---

1. Eugen Fama. Efficient Capital Market: A Review of Theory and Empirical Work[J]. *Journal of Finance*, 1970, vol.25, no.2, pp. 382-417.
2. 国家外汇管理局外汇研究中心课题组.金融市场双向开放的国际经验[J].中国外汇,2021(19).

三、统筹协调有序推进金融各领域开放

金融开放涉及利率自由化、汇率自由化、金融市场自由化、金融机构业务经营自由化和资本流动自由化等多个维度。我国金融开放的另一个重要经验是,将各个维度统筹协调、系统推进。比如,针对证券市场的开放充分考虑了其与人民币汇率稳定性之间的关系,以及对于跨境资本流动的影响。又如,高度重视人民币汇率形成机制与资本项目开放的协调关系,避免激化"不可能三角"[1]矛盾。对于资本项目的放开,则始终保持审慎态度,以此有效减轻了1997年亚洲金融危机、2008年全球金融危机对我国金融体系的冲击。纵观我国金融开放史,所有的重大举措几乎都采取了深入论证、稳步推进的方式,统筹协调、有序开放是党和国家一贯坚持的稳中求进工作总基调的具体体现,同时,这一路径也与理论最优相契合。[2]

---

1. "不可能三角"这一理论由经济学家罗伯特·蒙代尔(Robert Mundell)和马库斯·弗莱明(Marcus Fleming)在20世纪60年代提出,指一个国家或货币区域不可能同时实现以下三个目标:固定汇率制度、自由资本流动(或称为完全的资本账户开放)以及独立的货币政策。这三个目标之间存在内在的矛盾和冲突,使得在全球化的经济环境中,任何一个经济体都必须在这三者之间做出选择和权衡。
2. Ronald I. McKinnon. *The Order of Economic Liberalization: Financial Control in Transition to a Market Economy*[M]. Baltimore: The Johns Hopkins University Press, 1991.

第四节

推进新时代金融高水平开放，推动金融高质量发展

我国金融对外开放取得了显著成就，但与此同时，也应当清醒地认识到，在新时代新征程，与推动金融高质量发展、加快建设金融强国的目标相比，当前依然存在不小的差距，需要持续推进更高水平的金融开放。

一、稳步扩大制度型开放

习近平总书记在省部级主要领导干部推动金融高质量发展专题研讨班上明确部署，"要以制度型开放为重点推进金融高水平对外开放"[1]。中国在加入《区域全面经济伙伴关系协定》（RCEP）中作出更高水平的金融开放承诺，其中的"金融服务附件"首次引入了新金融服务、自律组织、金融信息转移和处理等规则，此外，中国积极加入《全面与进步跨太平洋伙伴关系协定》（CPTPP）和《数字经济伙伴关系协定》（DEPA）等，都是持续推进高水平制度型开放的重要举措。

---

1. 习近平. 坚定不移走中国特色金融发展之路　推动我国金融高质量发展[N].人民日报，2024-01-17（1）.

对照 RCEP 和 CPTPP 等国际高标准规则，未来在金融部门的开放上，我国要落实准入前国民待遇加负面清单管理制度，精简限制性措施，尤其是要提升外资金融服务的边境后开放。

目前我国已经取消银行保险机构的外资股份比例限制，大幅减少外资数量型准入门槛，但在日常监管执行中依然存在将一项业务类别分割为细小品种、碎片化准入的做法，也存在将一些对本土银行适用的监管指标无差别地用于外资银行的情况，这些开放政策在落地中的问题造成外资虽能准入但难运营的困局[1]，因而要进一步探索外资机构的差异化监管，支持在华外资机构更加全面、深入参与中国金融业务。

在金融市场的开放上，则要完善跨境投资的制度安排，加强境内外金融市场的互联互通，健全合格机构投资者制度，允许更多符合条件的境外机构参与我国证券、外汇期货、黄金等市场交易，发行人民币债券。关于扩大开放的顺序，可以遵循如下原则：先易后难、先增量后存量、先沿海后内地、先自贸区后开发区、先离岸市场后在岸市场，以此稳步推动制度性开放扩大。

二、稳慎扎实推进人民币国际化

人民币国际化有助于促进国际货币平衡、维护国际经济和政治关系稳定，也有助于展示中国的经济实力和综合国力，并获得与之相匹配的国际事务话语权。审慎扎实推进人民币国际化可从以下几方面着力。

一是坚持开放合作原则，积极推广跨境使用人民币。通过完善跨

---

1. 中国人民银行原副行长胡晓炼在 2023 年 12 月 23—24 日举行的中国财富管理 50 人论坛 2023 年会上的主题演讲。

境贸易人民币结算制度、优化服务机制，大力发展人民币跨境支付系统，为全球使用人民币提供更加便捷、高效的环境。

二是不断优化人民币汇率形成机制，提升汇率市场化水平。在坚持以市场供求为基础、参考一篮子货币进行调节、有管理的浮动汇率制度框架下，深化汇率市场化改革，增强人民币汇率弹性。

三是进一步加强离岸人民币市场建设。支持离岸人民币业务创新，完善离岸市场基础设施，在人民币尚不能自由兑换、资本项目尚未完全开放的环境下，离岸人民币市场能够促进人民币国际货币职能的发挥，促进与在岸人民币市场协同发展。

四是加强与国际金融组织的合作。通过参与国际金融治理改革，推动扩大人民币在国际储备资产中的比重，进一步增强人民币的国际地位。

五是牢牢守住不发生系统性风险的底线。人民币的国际化进程要与经济贸易的真实需求相适应，要与宏观审慎管理与微观监管相配合，要与资本项目开放、人民币汇率形成机制相协调，要守住不发生系统性风险的底线。

三、建设强大的国际金融中心

国际金融中心是一个国家金融实力的综合体现，打造国际金融中心是加快建设金融强国题中之义，也是推进金融高水平开放的重要举措。中央金融工作会议对此做出明确部署，特别强调"增强上海国际金融中心的竞争力和影响力，巩固提升香港国际金融中心地位"[1]。

---

1. 中央金融工作会议在北京举行［N］.人民日报，2023-11-01（1）.

自2009年党中央和国务院提出将上海建设为与我国经济实力相匹配、与人民币国际地位相适应的国际金融中心以来，上海在这方面取得了显著成就。但与世界其他顶尖金融中心相比，上海的国际化水平仍有提升空间，尤其是在全球资源配置能力、金融市场规模、外资投资比例以及大宗商品交易活跃度等方面存在不足。

增强上海国际金融中心的竞争力和影响力，特别要注重发挥其作为人民币国际清算和跨境投融资中心的作用，要加快构建以人民币为核心的国际金融交易平台，不断扩大股票市场、债券市场和衍生品市场的广度与深度，创新推出股票国际板、人民币外汇期货交易试点，鼓励境外企业在沪发行人民币计价的绿色债券，等等。

香港是主要的国际金融中心之一，拥有全球最大的离岸人民币市场，也是亚洲最重要的资产管理和私人财富管理中心。巩固和提升香港国际金融中心的地位，需要充分把握"一国两制"的制度优势，将香港作为连接内外资本的桥梁，确保其国际金融中心地位稳固。

此外，要鼓励香港利用其低税制、高效行政体制、国际化的法律环境以及高质量的人才资源等综合优势，增强自身在不同经济周期中的风险抵御能力。要进一步加强对香港的金融支持力度，深化内地与港澳金融市场互联互通，提升内地银行业保险业对港澳开放水平，支持香港巩固离岸人民币业务枢纽地位，并促进中资金融机构在香港本地市场的稳定发展。

四、统筹金融开放和金融安全

习近平总书记在省部级主要领导干部推动金融高质量发展专题研讨班上，以"八个坚持"深刻阐述中国特色金融发展之路，强调

"坚持统筹金融开放和安全，坚持稳中求进工作总基调"[1]。随着我国金融市场开放的不断深化，国内外金融市场互联互通日益密切，人民币跨境应用日益广泛，全球性市场波动和流动性冲击对我国的金融稳定构成新的挑战，外部环境的不确定性增加了跨境金融风险的传播概率。

因而，不仅要提高开放条件下的经济金融管理能力，同时也要增强金融风险防控能力。要坚持把防控风险作为金融工作的永恒主题，对外要重点加强对以美国为代表的主要发达经济体政策外溢性、资产市场估值重构、汇率大幅波动以及宏观杠杆率过高等环节的监测、防范与处置；对内要强化外汇、房地产、股票、债券等主要资产市场的风险跟踪和有效处置，分类施策，精准防控，有效降低各市场风险水平并着重防范跨市场传染；要加强外汇市场"宏观审慎＋微观监管"两位一体管理；要强化跨境资金流动监测研判，完善应对预案，加强预期引导，保持人民币汇率在合理均衡水平上基本稳定；要深化国际合作，加强国际信息共享，增强监管协调，共同应对跨境金融风险。唯有统筹好金融开放和金融安全，才能确保金融高水平对外开放蹄疾步稳、行稳致远。

---

1. 习近平. 坚定不移走中国特色金融发展之路　推动我国金融高质量发展［N］.人民日报，2024-01-17（1）.

第六章

培育金融文化：
金融高质量发展的本质特征

文化建设是全面建设社会主义现代化国家的重要内容。2023年6月2日，习近平总书记在文化传承发展座谈会上强调，"在五千多年中华文明深厚基础上开辟和发展中国特色社会主义，把马克思主义基本原理同中国具体实际、同中华优秀传统文化相结合是必由之路。这是我们在探索中国特色社会主义道路中得出的规律性的认识。……'两个结合'是我们取得成功的最大法宝"[1]。马克思主义基本原理同中华优秀传统文化相结合，即"第二个结合"，是又一次的思想解放，使我们能够在更广阔的文化空间中，充分运用中华优秀传统文化的宝贵资源，探索面向未来的理论和制度创新。文化作为对客观世界的感性知识与经验升华，作为能够被传承和传播的思维方式、价值观念、生活态度、行为规范等，是一个国家、一个民族的灵魂和根本，也是一个国家、一个民族综合实力的象征和体现。在2023年10月底召开的中央金融工作会议上，习近平总书记在部署当前和今后一个时期的金融

---

1. 习近平. 在文化传承发展座谈会上的讲话［J］. 求是，2023（17）.

工作时进一步指出,"要在金融系统大力弘扬中华优秀传统文化,坚持诚实守信、以义取利、稳健审慎、守正创新、依法合规"[1]。习近平总书记的系列重要讲话,为新时代新征程推动金融高质量发展、培育和建设中国特色金融文化提供了根本遵循和行动指南。

---

[1] 中央金融工作会议在北京举行[N].人民日报,2023-11-01(1).

第一节

从文化建设说起

党的十九届五中全会明确提出到2035年建成文化强国的远景目标。文化建设是全面建成社会主义现代化强国的重要方面,是推进文化自信自强、铸就社会主义文化新辉煌的主要抓手。新时代新征程,文化建设的内涵主要表现为以下几个方面。

一、高度的文化自觉

"文化自觉"是著名社会学家费孝通先生提出的概念。所谓文化自觉,"其意义在于生活在一定文化中的人对其文化有'自知之明',明白它的来历,形成的过程,所具有的特色和它的发展的趋向,自知之明是为了加强对文化转型的自主能力,取得决定适应新环境、新时代文化选择的自主地位"[1]。文化自觉是一个民族对其文化的认知、传承与实践,包括对历史文化在社会发展中角色和功能的深刻理解,对文化演变规律的精确掌握,以及对文化进步有意识地塑造和推动。

---

1. 费孝通.费孝通论文化与文化自觉[M].北京:群言出版社,2007:390.

具体而言，新时代的文化自觉是要追溯中华民族的历史起源，挖掘本土文明的深厚资源，全面认知中华文化的总体构成，顺应把握中华文明的发展趋势，深入分析文化沿袭的传承脉络，着力推进马克思主义中国化时代化与中华优秀传统文化传承发展的深度融合，深化与西方文明的交流互鉴，以此推动构建起既具中国特色又开放包容的文化体系。文化自觉不仅强调对过去的认知和尊重，更强调在此基础上的创新和发展，通过深入的文化自觉和主动的文化实践，有效增强社会文化软实力，推动中国特色社会主义文化向着更加繁荣的方向发展。

二、坚定的文化自信

文化自信体现为对本土文化的认同、肯定以及维护，反映了个体或集体对自身文化价值和重要性的深入认知和洞察。文化自信来源于对本土文化的自觉与理解，并随着文化自觉的加深而坚定。习近平总书记多次强调"文化自信"的重要意义，"坚定中国特色社会主义道路自信、理论自信、制度自信，说到底是要坚定文化自信"[1]。"文化兴国运兴，文化强民族强。没有高度的文化自信，没有文化的繁荣兴盛，就没有中华民族伟大复兴。"[2]

中华民族的文化自信，既根植于对优秀传统文化的传承，也得益于中国共产党带领人民塑造的卓越革命文化，此外，还因吸纳和发展社会主义先进文化得以增强。源远流长、博大精深的优秀传统文化使

---

1. 习近平.坚定文化自信,建设社会主义文化强国[J].求是，2019（12）.
2. 习近平.决胜全面建成小康社会 夺取新时代中国特色社会主义伟大胜利[N].人民日报，2017-10-28（1）.

得中华文明成为人类历史上唯一无断层传承的古老文明；革命文化则是中国近代史的结晶，以井冈山精神、长征精神、遵义会议精神、延安精神等为代表的革命文化，反映了中国先辈在长期的艰苦奋斗中形成的精神力量，这些精神谱系构成了中国共产党和中国人民奋斗向前的不懈动力；社会主义先进文化是在社会主义建设过程中孕育的一系列体现先进性的文化精神，包括脱贫攻坚精神、北斗精神、冬奥精神等，这些精神力量为中华民族迈向伟大复兴提供了文化支撑。要充满信心地看待中华文化的非凡韧性和强大力量，她是中华民族在长期的发展和实践中积淀下来的宝贵精神财富，是中国在全球交流中保持独立和领先的基石。

三、持续的文化创新

文化创新是推动中华文化发展与繁荣的核心动力，是在文化自信基础上对于适应时代要求的自我革新，这种创新不仅包含了对传统文化的现代诠释，也涵盖了全球化背景下，如何让中华文化与世界文化进行有效对话的实践探索。

习近平总书记在主持中共中央政治局第十三次集体学习时指出，弘扬中华优秀传统文化，"要处理好继承和创造性发展的关系，重点做好创造性转化和创新性发展"[1]。"守正""创新"，意味着要坚守中华文化的根本，避免盲目追随外来文化而失去自我，同时也意味着要摒弃僵化的保守态度，积极寻求与现代社会发展相适应的文化表达方式；要深入解析传统文化与新时代文化的交互作用，不断探索与

---

1. 习近平. 习近平谈治国理政（第一卷）[M]. 北京：外文出版社，2014：164.

时俱进的文化创新路径；要站稳人民立场，深刻理解和把握人民群众的文化期待，激发全民族的文化创新创造活力，坚持文化创新成果服务人民，实现文化发展的人民性；要结合马克思主义基本理论、传承中华优秀传统文化以及吸收西方现代文化精华，通过持续不断的文化自我更新与发展，创造人类文明新形态。

第二节

培育和建设金融文化至关重要

基于这样的文化自觉、文化自信和文化创新，习近平总书记关于在金融系统大力弘扬中华优秀传统文化、积极培育中国特色金融文化的重要论述，根植于中华优秀传统文化，把马克思主义金融理论同当代中国具体实际相结合，同中华优秀传统文化相结合，是马克思主义政治经济学关于金融理论的重要创新成果，是对金融本质、金融发展规律、金融发展特点和金融发展道路认识的深化与升华，是对中华优秀传统文化的继承、吸收和弘扬，是习近平经济思想的重要组成部分。

一、走中国特色社会主义道路的必然要求

党的十八大以来，我国积极探索新时代金融发展规律，不断加深对中国特色社会主义金融本质的认识，不断推进金融实践创新、理论创新、制度创新，积累了宝贵经验，逐步走出一条中国特色金融发展之路，这就是，必须坚持党中央对金融工作的集中统一领导，坚持以人民为中心的价值取向，坚持把金融服务实体经济作为根本宗旨，坚

持把防控风险作为金融工作的永恒主题，坚持在市场化法治化轨道上推进金融创新发展，坚持深化金融供给侧结构性改革，坚持统筹金融开放和安全，坚持稳中求进工作总基调。

加快金融文化建设是推动金融系统沿着中国特色金融发展之路稳健前行的重要保障。加快金融文化建设，有助于加强党中央的集中统一领导，有助于贯彻"人民为中心"的价值取向，有助于提高金融服务实体经济质效，有助于增强金融风险防控能力，有助于提升金融治理水平，有助于统筹发展与安全。加快金融文化建设不仅是深化金融改革和促进金融稳定的现实需要，也是提升国家金融安全和金融国际竞争力的重要途径，符合中国特色社会主义经济发展的内在要求。

二、推动经济金融高质量发展的必然要求

长期以来，我国金融文化建设相对滞后，对金融文化研究不透，对金融文化内涵、定位、作用与价值理解不深，对金融服务理念、诚信原则、契约精神、信用导向、风险意识、职业道德等认识不足，对推进金融文化建设重要性紧迫性重视不够，没有很好地把金融文化建设与金融业发展有机统一、融合起来，还不适应金融高质量发展、建设金融强国的现实需要。

事实上，我国金融领域存在的一些突出矛盾和问题，如经济金融风险隐患仍然较多，金融服务实体经济的质效不高，金融乱象和腐败问题屡禁不止，金融监管和治理能力薄弱等，都与我国金融文化建设滞后密切相关，都是金融文化的迷失、缺乏、落后甚至于扭曲的结果。

在新的发展阶段，金融文化成为推进金融创新的动力源泉，成为提升金融竞争力的关键因素，成为金融稳健运行和健康发展的重要支撑。特别是作为金融高质量发展必不可少的组成部分，金融文化具有不可替代的地位和作用。没有金融文化的影响和滋养，金融运行就难以持续和有序；没有金融文化的繁荣兴盛，就不可能建设现代化金融强国。加快建设中国特色金融文化，是推动金融高质量发展，建设拥有强大的货币、强大的中央银行、强大的金融机构、强大的国际金融中心、强大的金融监管和强大的金融人才队伍的金融强国的必然要求。

三、满足人民群众美好生活需要的必然要求

中国特色社会主义进入新时代，我国社会主要矛盾已经转化为人民日益增长的美好生活需要和不平衡不充分的发展之间的矛盾。人民群众美好生活需要的新期待对金融服务提出了新的更高的要求，金融服务要向着更加普惠、更加可得、更加便捷的方向发展，要切实解决民营企业小微企业融资困难、居民金融服务薄弱等群众"急难愁盼"问题。为此，金融体系必须进行深刻变革，包括转变服务方式、完善服务网络、优化产品设计、加强风险管理和切实保护消费者权益等，要让更多民众分享金融改革和发展成果，确保金融为民、金融利民、金融惠民、金融便民。

金融文化建设将在其中发挥基础性作用。加快金融文化建设，有助于践行"以人民为中心"的价值取向，有助于把实现人民群众对美好生活的向往始终作为推动金融高质量发展的出发点和落脚点，有助于以多样化专业性的金融产品和服务体系切实提升人民群众获得感、幸福感、安全感，有助于确保金融活动更好地服务于社会经济发展和

人民福祉。加快金融文化建设，不仅是满足人民群众对美好生活需要的必然选择，也是新时代金融发展的内在要求。

四、统筹金融发展和金融安全的必然要求

当前，世界百年未有之大变局加速演进，我国发展进入战略机遇和风险挑战并存、不确定难预料因素增多的时期，各种"黑天鹅""灰犀牛"事件随时可能发生，经济金融运行面临更加复杂严峻的环境，在外部冲击明显增多的情况下，一些风险隐患可能"水落石出"。

在此背景下，打造审慎稳健的文化氛围，坚持稳中求进的工作总基调尤为必要。经济金融共生共荣，经济活动为金融市场提供基础，而金融反过来映射经济状况，许多经济问题会通过金融渠道显现，并与金融风险紧密相连。

要从源头上有效防控金融风险，关键是把握好经济增长、经济结构调整和金融风险防范之间的动态平衡，处理好改革、发展与稳定三者的关系。要坚持稳中求进、以进促稳、先立后破，切实增强经济发展动能，激发经济转型活力，推动经济发展态势持续向好；要高度重视金融风险的传染性、隐蔽性和破坏性，持续提升风险忧患意识，全面加强金融监管；要把握好"稳"和"进"的辩证关系，以稳求进、以进固稳，防范化解重点领域风险，牢牢守住不发生系统性金融风险的底线。打造审慎稳健的金融文化，以金融安全保障金融发展，不断筑牢金融高质量发展的安全屏障，不仅是应对当前复杂环境的有效手段，也是新时代新征程下统筹金融发展和金融安全的必然选择。

第三节

理解中国特色金融文化的不同视角

金融文化深刻蕴含着当前和长远、局部和全局、发展和安全、特殊和一般的辩证关系与治理理念,具有引导、激励、约束、创新等作用。金融文化决定着金融从业者的价值追求、思维方式、行为模式和相应后果。中华民族在长期的社会实践中形成了极为丰富且优秀的金融文化,"农工商交易之路通,而龟贝金钱刀布之币兴焉""居安思危,思则有备,有备无患"等理念都与现代金融治理高度契合。必须充分运用中华优秀传统文化的宝贵资源,有效推动其在金融系统的创造性转化、创新性发展。

金融文化的核心内容是关于金融的信念、价值观和行为规范。其中,金融信念引导金融政策、金融制度和金融监管规则的制定,指导金融机构确立存在和发展的使命、建构战略目标和实施路径,指导金融从业人员明确职业定位和行为操守;金融价值观涉及人们在金融活动中对"是非""优劣""好坏""对错"等的基础认识和判断标准;金融行为规范是金融活动参与者普遍接受的具有一般约束力的行为标准,是金融信念与金融价值观的具体化。

一、中国特色金融理念：经济金融共生共荣

马克思对金融的分析建立在对资本运动分析的基础之上，强调金融脱离生产过程并不能创造价值，生产是金融的基础，金融的产生与发展源于实体经济的需要，借贷资本只有与产业资本相结合才能真正发挥资本的作用。无独有偶，探寻中国货币的起源，"玉起于禺氏，金起于汝汉，珠起于赤野，东西南北距周七千八百里。水绝壤断，舟车不能通。先王为其途之远，其至之难，故托用于其重，以珠玉为上币，以黄金为中币，以刀布为下币"（《管子·国蓄》），同样蕴含了金融因繁荣经济而生之意。对此，习近平总书记以"经济是肌体，金融是血脉，两者共生共荣"[1]做出高度凝练与概括。

马克思揭示了资本的内在矛盾：一方面，资本"摧毁一切阻碍发展生产力、扩大需要、使生产多样化、利用和交换自然力量和精神力量的限制"[2]，为生产力发展扫除障碍；另一方面，当资本无法克服和超越这些限制时，资本"具有限制生产力的趋势"[3]，导致生产过剩、资本主义经济危机爆发。金融危机的发生，既有制度性的原因，也有文化性的原因，其中文化性是更为基础的因素。在市场经济制度下，人的逐利本性会被市场环境激发；与此同时，人们相互依存的社会生活又对自利形成一定约束，后者就是文化的力量。2008年全球金融危机，正是逐利本性未受自我约束而转化为贪婪，金融活动脱离为实体经济服务的根本，加之外部监管失位所共同造就的。中华优秀传统文

---

1. 习近平.深化金融供给侧结构性改革 增强金融服务实体经济能力［N］人民日报，2019-02-24（1）.
2. 马克思恩格斯全集（第30卷）［M］.北京：人民出版社，1995：390.
3. 马克思恩格斯全集（第30卷）［M］.北京：人民出版社，1995：406.

化素来倡导"重义轻利""礼以行义，义以生利"，教化人们"义在利先"，不要变成利欲熏心、见利忘义、唯利是图、不择手段的人。宋代大儒程颐提出"圣人以义为利，义安处便是利"。这些理念有助于在市场经济活动中引导金融企业以实体经济为基，以社会福祉为重，减少引发金融危机的可能性。

中国特色金融文化建设，应当坚持"经济金融共生共荣"理念，推动金融行业以支持经济社会发展为己任，勇于担当使命，自觉开拓创新，继续推进要素市场化改革，完善反映市场供求关系、金融资源稀缺程度、金融生态成本的要素价格形成机制；健全资本市场功能，提高直接融资比重，形成适应不同类型、不同发展阶段企业差异化融资需求的多层次资本市场体系；优化金融资源配置，降低实体经济融资成本，培育经济增长新动能，着眼于强化国家战略、科技力量与碳达峰碳中和目标，积极满足各类市场主体融资需求，推动数字绿色金融服务创新，守住不发生系统性金融风险的底线，提高金融服务实体经济的效率水平，为经济社会高质量发展提供有力金融支撑。

二、中国特色金融价值观：以人民为中心

人民立场是马克思主义最鲜明的政治立场。《共产党宣言》明确提出，"无产阶级的运动是绝大多数人的，为绝大多数人谋利益的独立的运动"[1]。马克思主义站在人民的立场探求人类自由解放的道路，以科学的理论为最终建立一个没有压迫、没有剥削、人人平等、人人自由的理想社会指明了方向。[2] "以人民为中心"既是对马克思主义基

---

1. 马克思恩格斯选集（第一卷）[M].北京：人民出版社，2012：411.
2. 十九大以来重要文献选编（上）[M].北京：中央文献出版社，2019：424.

本立场的进一步阐发，也与"民为邦本"的中华优秀传统文化相契合。"夫民者，万世之本也"（《新书·大政》），"克明俊德，以亲九族。九族既睦，平章百姓。百姓昭明，协和万邦"（《尚书·尧典》）。"民为邦本"的思想强调政策措施应惠及人民。"以人民为中心"，不仅惠及中国人民，而且兼济人类命运共同体。正如钱穆先生所指出的，"依照中国人想法，天时、地理、血统不同，民族性不同，均不碍事。只要有一番教化，在此教化之下，有一番政治，'教化'与'政治'便可形成一个文化而发出大力量来，自然可以道并行而不相悖，万物并育而不相害；自然可以尽己之性而尽人尽物之性；自然可以会诸异于大同，而天下自达于太平之境"。[1]

中国特色金融文化建设和培育，必须坚持以人民为中心，把人民利益、人民意志和人民心声作为金融发展的价值取向。金融企业主动以金融服务化解社会痛点和百姓难点，履行好社会责任，引导从业人员积极践行金融为民、利民、惠民、安民的理念，在深度参与国际金融规则的完善与制定，推动境内外各类金融基础设施互联互通，不断完善适应金融双向开放的制度体系，助力形成高水平对外开放的同时，提高金融服务覆盖率、可得性，着力发展普惠金融、农村金融、绿色金融、科技金融，为实现共同富裕添砖加瓦。

三、中国特色金融行为规范建设：党建引领

习近平总书记在第五次全国金融工作会议上指出，"做好新形势下金融工作，要坚持党中央对金融工作集中统一领导，确保金融改革

---

[1] 钱穆. 中华文化十二讲[M]. 北京：九州出版社，2017：63.

发展正确方向，确保国家金融安全"[1]。中国共产党是先锋型政党，面对层出不穷的严峻考验，党始终以高度的政治责任感和历史使命感，以党的自我革命引领社会革命。党建是马克思主义理论与党的建设实践的统一。百年来中国共产党的建设深得中华优秀传统文化的滋养，比如推崇清正廉洁、坚持"实事求是""举贤任能"、开展批评与自我批评、强调道德修养等。

以党建引领中国特色的金融行为规范建设，必须深刻认识坚持党对金融文化建设领导的极端重要性，提高政治站位，心怀"国之大者"，厚植"金融报国"情怀；完善党领导金融工作的体制机制，发挥好中央金融委员会的作用，做好统筹协调把关；加强金融系统党的政治建设、思想建设、组织建设、作风建设、纪律建设、制度建设等，发挥基层党组织战斗堡垒功能；注重发挥好地方党委金融委员会和金融工委的作用，落实属地责任，各级政府和相关部门要做党中央金融改革发展决策部署的执行者、行动派、实干家；以政治过硬、能力过硬、作风过硬标准，锻造忠诚干净担当的高素质专业化金融干部人才队伍；坚持全面覆盖抓党建、以上率下抓党建、创新思路抓党建，推动金融机构党建工作与企业文化建设深度融合；将"经济金融共生共荣"信念与"以人民为中心"的价值观映射于金融行业共同遵循的道德准则与伦理观、行业规范、管理理念之中，与金融业务工作同频共振、相融互促，树立中国特色金融诚信文化、清廉文化、服务文化、效率文化、发展文化，以磅礴的文化力量助力金融业行稳致远。

当今世界，各国之间的金融竞争，不只是金融组织、金融业务和

---

1. 习近平．服务实体经济防控金融风险深化金融改革　促进经济和金融良性循环健康发展［N］．人民日报，2017-07-16（1）．

金融技术等有形的博弈，更有建立在金融信念、金融价值观和金融行为规范基础上的无形的比拼。马克思主义基本原理与中华优秀传统文化的有机结合，抱注并灌溉中国特色的金融文化，指导中国特色金融文化建设，将金融与经济共生共荣的理念与以人民为中心的发展思想转化为具体的、正确的行为规范，强化金融文化自觉与自信，提升国家金融软实力，必将更好地服务于全面推进中华民族伟大复兴的崇高事业。

第四节

积极培育中国特色金融文化

2024年1月16日,习近平总书记在省部级主要领导干部推动金融高质量发展专题研讨班开班式上发表重要讲话时指出:"推动金融高质量发展、建设金融强国,要坚持法治和德治相结合,积极培育中国特色金融文化,做到:诚实守信,不逾越底线;以义取利,不唯利是图;稳健审慎,不急功近利;守正创新,不脱实向虚;依法合规,不胡作非为。"[1] 这是习近平总书记继在2023年中央金融工作会议上提出"要在金融系统大力弘扬中华优秀传统文化"[2]之后,再一次对加强金融文化建设提出明确要求。

习近平总书记关于金融文化的重要论述,将文化因素纳入金融理论范畴,将文化基因植入金融发展实践,深刻阐释了文化和金融、经济和金融、短期和长期、发展和安全等的辩证统一关系,赋予了中华优秀传统金融文化新的时代内涵,实现了马克思主义金融理论的创新

---

1. 习近平.坚定不移走中国特色金融发展之路 推动我国金融高质量发展[N].人民日报,2024-01-17(1).
2. 中央金融工作会议在北京举行[N].人民日报,2023-11-01(1).

发展和与时俱进，开拓了中国特色社会主义政治经济学关于金融理论的新境界，开辟了现代金融发展理论和实践的新境界。

一、诚实守信：不逾越底线，以"信"提升金融中介效率

金融的本质是中介，是以各类形式通过多种方式将储蓄转化为投资的过程，其涉及资金的跨时间和跨空间配置，也涵盖风险和回报的平衡。随着金融市场的不断发展，各个维度的金融创新应运而生，但无论金融活动的组织形式、运行机制、产品技术、流程规范如何演进，其本质并没有发生改变，都在于联结资金的供给方和需求方。基于此，在形式纷纭的表象之下，评估金融效率的简单直接标准就是——供需两端之间的金融中介成本。

托马斯·菲利蓬曾以美国的历史数据就金融效率做过研究[1]，结果显示，尽管在130年间，美国的金融业态、产品形式、服务方式、外部环境发生了巨大的变化，但金融体系每年产生和维持1美元金融资产的成本出人意料地保持在1.3%～2.3%，后期甚至略有上升（见图6-1）。菲利蓬对此表示："过去40年间的科技发展应当极大提升了金融效率，今天的金融业怎么可能没有比过往更有效率呢？这是一个谜题。"

这一研究带来的启发就是，提升金融体系效率、降低金融中介成本的关键或许不在于外在的各类组织及产品形式，而在于降低资金两端供需方建立信任的成本。来自中国国内的研究同样表明，信任水平与金融市场发展密切相关，社会信任不仅推动了金融市场的参与程

---

1. Thomas Philippon. Has the U.S. Finance Industry Become Less Efficient ? [R] NYU Working Paper, 2011.

度，而且促进了普惠金融的可得程度。[1, 2]

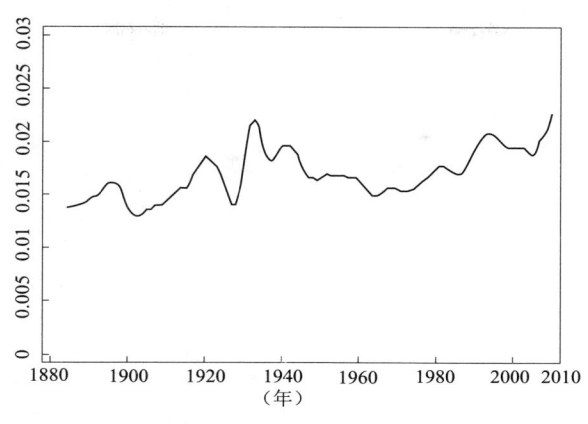

图 6-1　1880—2010 年美国金融中介成本

资料来源：托马斯·菲利蓬（2011）

当前我国金融体系仍然面临较为突出的信用问题。不少企业盈余管理甚至财务造假成为常态，有的缺乏规范治理的中小企业干脆设置"几本账"；IPO（首次公开募股）欺诈发行屡屡发生，少数企业与中介机构、相关方串通，形成造假"生态链"；内幕交易、价格操纵、概念炒作充斥二级市场；资产管理行业中一些非持牌机构包括各类非法机构自融自投、侵占挪用投资者资金等。凡此种种都严重影响了资金供给方的信心，造成债权、股权融资成本难以降低。考虑到中国的本币贷款占到社会融资规模 60% 以上的比例，参考刘俏（2020）[3]，

---

1. 崔巍.信任、市场参与和投资收益的关系研究[J].世界经济，2013（9）.
2. 陈颐.儒家文化、社会信任与普惠金融[J].财贸经济，2017（4）.
3. 刘俏.我们热爱的金融：重塑我们这个时代的金融[M].北京：机械工业出版社，2020：129.

采用商业银行人民币贷款净息差近似度量中国的金融中介成本。[1]

如图 6-2 所示，2007—2022 年，中国国有银行和股份制银行的净息差稳定在 2%～3%，城商行和农商行的净息差有所降低，但这与此前过高数值的合理回落有关。整体而言，15 年间中国的金融中介成本虽有降低，但整体依然处于偏高水平，存在不小的改善空间。

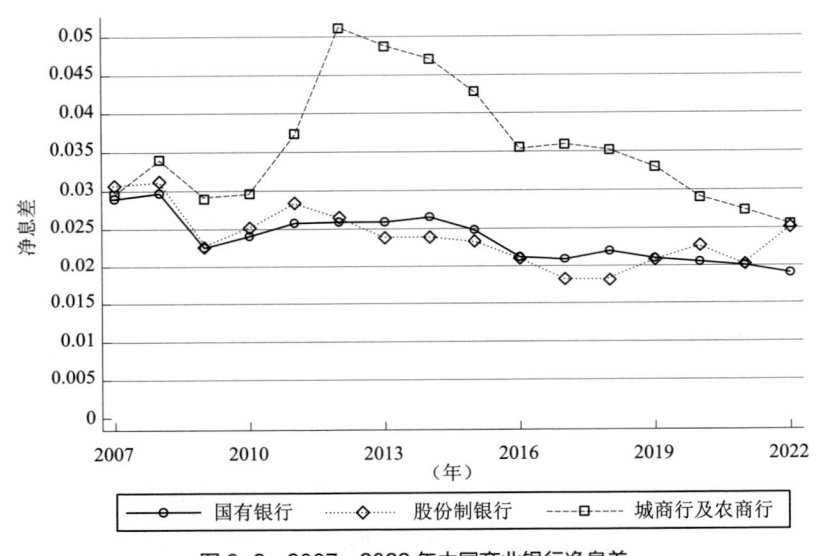

图 6-2　2007—2022 年中国商业银行净息差

数据来源：CSMAR，作者分析。

---

1. 需要特别指出的是，这种方法存在低估的可能性，因为贷款利率并不能完全反映真实的债务融资成本，在利率没有完全市场化的背景下，利率上限受到管控，银行很可能转嫁部分成本在手续费等其他科目上，从而形成债务人的综合融资成本。此外，该数据仅体现商业银行的中介成本，而相当部分的小微企业、民营企业被遗漏在商业银行等正规金融体系之外，只能通过民间借贷等非正规金融方式以更高昂的成本获取资金。综上，这个指标仅可能反映中国金融中介成本的下限，真实的金融中介成本只会更高，不会更低。

诚实守信是中华优秀传统文化的重要内容。《左传》有载，"信，国之宝也，民之所庇也"，诚信不仅是国家的根基，也是人类处世的依据。孟子强调"诚者，天之道也；思诚者，人之道也"，诚信是道德实践的基础，也是天道的体现。商鞅"立木为信"、周幽王"烽火戏诸侯"、季布"一诺千金"等成语典故都在强调诚信的重要性。

具体到金融实践中，金融活动是由金融机构、股东、管理者、雇员、资金供给方、投资者、监管机构等参与主体通过各类合同和契约形成的复杂社会关系网络进行的，在金融系统中大力弘扬"诚实守信"文化，健全信用基础设施，构建形成覆盖全部信用主体、所有信用信息类别、全国各区域的信用信息网络，加强公共信用信息同金融信息共享整合，增强各参与主体之间的信任和可靠联结，强调不逾越底线，不触碰红线，不仅有助于直接降低资金供需两端的信任成本，提升金融市场的流动性和效率，还可以间接降低监管机构的执法成本，提升金融中介效率。

二、以义取利：不唯利是图，坚持以人民为中心的价值取向

资本具有天然的逐利性，一方面，市场机制确实在相当程度上提高了资源的配置效率。金融的诞生使得交换、劳动分工、规模经济成为可能，金融的发展促进了经济的增长。诺贝尔经济学奖获得者约翰·希克斯（John R.Hicks）曾提出一个重要论断：工业革命不得不等待金融革命，如果没有金融革命，工业革命不可能发生。但另一方面，在资本主义意识形态和社会制度下，金融资本暴露出明显的垄断性、掠夺性和脆弱性，不仅造成巨大的贫富差距，而且屡次引发经济金融危机。

注重经济生活的道德面是中华优秀传统文化的重要组成部分。"义者，宜也"（《礼记·中庸》），"义"意味着合宜、适宜；"义，人之正路也"（《孟子·离娄上》），"义"意味着道义、正义。在义利关系的处理上，中华文化倡导见利思义、以义取利、重义轻利、舍利取义，明确反对唯利是图、见利忘义。"富与贵，是人之所欲也，不以其道得之，不处也"（《论语·里仁》）表达了在寻求财富过程中，坚守正道、摈弃不正当手段的高尚情操，"先义而后利者荣，先利而后义者辱"（《荀子·荣辱》）。经济生活的道德主张重新定义了金融存在与发展的使命。秉持"以义取利"的价值观念，践行"君子利义思考"，金融从业人员便会以经济的增长和社会福祉的增加为追求，跳脱开华尔街式的对冲风险、价格发现，更会摈弃短期套利、操纵市场、欺瞒造假等不正当甚至非法行为，在思想和行动上真正从"以资本为中心"转向"以人民为中心"。

"以人民为中心"应当坚持"经济金融共生共荣"理念，紧紧围绕实体经济和社会民生需要，顺应经济社会发展的阶段特征及结构特点，打造多样化金融产品体系，下大力气发展科技金融、绿色金融、普惠金融、养老金融和数字金融，推动金融资源集聚到重大战略、重点领域和薄弱环节，加大医疗、养老、教育等领域的金融服务力度，推进金融服务供给从"有没有"转向"好不好"，切实提升金融服务能力和质效，提高金融服务覆盖率、可得性和满意度，让广大人民群众共享金融发展成果。

三、稳健审慎：不急功近利，把防控风险作为金融工作永恒的主题

金融领域的经典理论几乎无一不指向金融体系的不稳定性：时间

空间错配、顺周期、高杠杆、传染效应、信息不对称、资本的天然逐利等等。海曼·明斯基明确主张，金融问题内生于金融体系本身，换言之，金融系统天然具有不稳定性。尤其是20世纪70年代以来，在金融自由化和金融深化理论的主导下，政府减少甚至放弃对金融市场的干预后，全球范围内发生了多场大大小小的金融危机。金融危机的反复发生有其深层次原因，各国政府采用扬汤止沸式的各类救市方案注定无法从根本上解决问题，转而寻求同样属于底层因素的文化力量，这有望为之提供新的选择。

金融是资金从供给方到需求方的资金融通过程。各类金融产品的底层逻辑在于，需求方通过抵押债权或出售股权将未来现金流让渡给供给方以获取资金，这个过程会产生期限的转化、规模的转化以及风险的转化，因此，风险控制的关键就在于如何设定其中的债权和股权比例，即杠杆率。2008年全球金融危机、2015年A股异常波动，杠杆失控都是重要诱因。各国监管当局普遍认为，防范化解系统性金融风险的重点在于有效控制杠杆率，为此，于2008年金融危机之后，《巴塞尔协议Ⅲ》明确要求，要提升银行体系资本数量和质量要求、扩大风险覆盖范围、增加杠杆率监管等，该方案成为新的国际金融监管标准。

打造"稳健审慎"的金融文化氛围，对于维护金融市场稳定、增强金融机构风险管理能力、防范化解系统性金融风险至关重要。"稳健审慎"体现在中华传统文化的多个方面，荀悦在《申鉴·杂言》中论道"防为上，救次之，戒为下"，先其未然进行防范是为上策；《老子》有载"知足不辱，知止不殆，可以长久"，阐明节制与风险二者之间的关系；"有多大能耐办多大事"成为深植中华传统的实用哲学；

"居安思危""未雨绸缪"等都与风险管理理念密切相关。具体到金融实践中,微观层面上,中国古代钱庄票号已经奉"将本求利"为基本行事准则。"将本求利"用现代经济学语言表述就是重视资本金约束。正是在资本金约束的基础规则上,巴塞尔银行监管委员会和国际保险监督官协会逐步推动形成了如今的银行业和保险业监管体系。宏观层面上,早在西汉时期我国便施行了"均输平准"的制度安排,在避免商贾盘剥、平抑物价的同时,也促进了物资流通,从中可见中华优秀传统金融文化的源远流长和博大精深。

党的十八大以来,我国金融业没有发生系统性危机,并不是我们没有遇到风险,而是以习近平同志为核心的党中央高瞻远瞩、未雨绸缪,时刻把防控风险摆在突出位置,防范化解重大金融风险攻坚战取得积极成效,有力维护了国家经济金融稳定和人民财产安全。新时代新征程,做好金融工作,要坚持稳健审慎,不急功近利、不好高骛远。一是完善宏观分析框架和监管工具,以"逆周期、防传染"为目标,建立和强化金融制度安排,保持货币信贷总量和社会融资规模合理增长。二是推进微观审慎监管,以资本充足率、资产质量、管理能力、盈利表现、流动性和市场风险敏感度等为标准,完善金融机构监管评价体系。严格中小银行准入标准,严把股东、高管的准入资格,严查资本金的来源,充分发挥资本在控制杠杆、配置资源和吸附损失方面的作用。三是推动金融安全网建设,提升风险监测、评估和预警能力,健全具有硬约束的金融风险早期纠正机制,提升风险防范主动性和前瞻性,实现风险早识别、早预警、早发现、早处置。四是稳妥防范化解重点机构、重点领域金融风险。坚持市场化、法治化原则,把握好时度效,有序推进中小金融机构改革化险;坚持"两个毫不动摇",一视同仁满足不同所有制房地产企业合理融资需求,大力支持"平急两用"公共基础设施和城中村改造等"三大工程"建设;积极化解存量地方债务风险,严控新增债务。

四、守正创新：不脱实向虚，走中国特色金融发展之路

金融市场是一个高度动态的系统,外部环境的不断变化带来新的需求和挑战,创新成为金融市场发展的重要力量。中华民族同样重视创新的作用,始终秉持"苟日新、日日新,又日新"的精神,不断创造自己的物质文明、精神文明和政治文明。同时,"创新"必须在"守正"的前提下进行,习近平总书记强调"守正才能不迷失自我、不迷失方向,创新才能把握时代、引领时代"[1]。

具体到金融实践中,"守正"包含两个层面的含义：其一,坚守马克思主义在意识形态领域的指导地位,坚守"两个结合"的根本要求,坚守和坚持中国共产党的领导;其二,坚持"金融服务实体经济",遵守法律法规,坚持道德及行业标准,尊重经济金融基本规律,保护投资者消费者权益。

关于第一层面,20世纪80年代以来的系列金融改革是"守正创新"的最好诠释。金融改革没有盲目追求"一步到位"、采用"休克疗法",而是在保证政治和社会稳定的前提下,进行"渐进式"改革,中央银行与商业性机构分离、专业银行转向商业银行、证券交易所建立、剥离商业银行不良资产并成立资产管理公司、银保监会成立、国有商业银行上市、人民币汇率形成机制改革、多层次资本市场建设、

---

1. 习近平.在文化传承发展座谈会上的讲话[J].求是,2023(17).

中央金融委员会成立等重大改革和实践（详见表6-1），无一不体现了"守正创新"的治理智慧，由此造就了新中国经济快速发展和社会长期稳定"两大奇迹"。

表6-1　中国金融改革发展大事记

时间	改革目标	重大事件
20世纪80年代	引进市场经济金融体系的基本结构	中央银行和商业性金融体系分开
20世纪90年代上半期和中期	建立符合市场经济需要的金融机构和金融市场基本框架	专业银行转向商业银行
		建立证券市场
亚洲金融风波期间	整顿与应对冲击	国有企业"三年脱困"计划
		剥离商业银行不良资产，成立四大资产管理公司
2002—2008年	金融体系健康化、规范化和专业化	改革会计准则
		实行贷款五级分类制度
		国有商业银行改革、注资、上市
		农村信用社改革
		股权分置改革
		银行业监督管理委员会从人民银行分设
2009—2013年	应对全球金融危机	健全宏观审慎管理框架
2014年至今	金融体系市场化、国际化、多元化以及加强金融监管	推进利率市场化
		推进汇率市场化
		人民币加入特别提款权（SDR）
		建设多层次资本市场

（续表）

时间	改革目标	重大事件
2014年至今	金融体系市场化、国际化、多元化以及加强金融监管	设立国务院金融稳定发展委员会
		设立中国银行保险监督管理委员会
		设立中央金融委员会
		设立国家金融监督管理总局

资料来源：根据中国人民银行原行长周小川在北京举行的全国政协委员学习报告会暨政协机关干部系列学习讲座上的讲话内容[1]，作者整理。

关于第二层面，金融市场乱象频发，充斥着大量的投机、套利、脱实向虚、表外通道、委外投资、明股实债、"伪私募""伪金交所"等各类"伪创新"频频暴雷，这些非但没有提升金融效率，相反，酿成巨大风险和损失，凸显"守正"的必要性和重要性。

"守正创新"，走中国特色金融发展之路，必须坚持党中央对金融工作的集中统一领导，坚持以人民为中心的价值取向，坚持把金融服务实体经济作为根本宗旨，坚持把防控风险作为金融工作的永恒主题，坚持在市场化法治化轨道上推进金融创新发展，坚持深化金融供给侧结构性改革，坚持统筹金融开放和安全，坚持稳中求进工作总基调。

要牢牢把握"金融服务实体经济"的根本宗旨，离开了服务实体经济，金融的发展只会是无源之水、无本之木；要以金融体系结构调整为重点，优化市场体系，完善机构定位，丰富产品供给，夯实基

---

1. 周小川.金融改革发展及其内在逻辑[J].中国金融，2015（19）.

础设施，强化市场规则，健全法人治理；要积极支持扩大有效需求和有效投资，保障重大工程的融资需求，助力城乡融合和区域协调发展；要加大对制造业、战略性新兴产业和科创产业的支持力度；要健全绿色金融体系，支持打造绿色低碳发展高地；要加强民生领域和薄弱环节金融供给，大力发展普惠金融，提升民营企业、小微企业和新市民金融服务水平，加强乡村振兴和农业强国建设金融服务；要加快发展养老金融，持续推进第三支柱养老保险改革，支持健康产业、银发经济发展。

五、依法合规：不胡作非为，加强金融法治建设

金融的活力在市场，金融的秩序在法治，依法合规是保障金融系统健康稳定运行的关键。近20年来兴起的"法与金融"领域的学术研究表明，由于合约的不完全，债权人在受到更多法律保护的情况下，出借资金的意愿会更强。法律保护、合约实施水平与金融市场发展密切相关。金融市场的法治保障体现在，市场规则、行为准则、准入退出、监管条例等维度都由法律进行清晰规范和实施，各类活动都有法可依、有章可循，重大改革于法有据，而非依赖行政手段进行相机抉择。

我国传统法律文化崇尚德法相辅，强调"礼法并用"。先秦法家主张"法者，天下之程式也，万事之仪表也"（《管子·明法解》），"不别亲疏，不殊贵贱，一断于法"（《法经》），认为在治理效果不佳的情况下，需要"重典治乱"，通过实施严厉法律和刑罚恢复秩序和稳定。当前金融市场诸多乱象的根源在于行为主体胡作非为、有法不依，违法成本过低，法治建设落后于市场发展。比较典型的包括资本市场中

内幕交易、虚假信息披露、财务造假、操纵市场等行为所承担的违法成本与潜在收益严重不匹配；一些现行法律体系内容明显滞后，难以适应持续深化的金融改革；金融市场快速发展，新业态、新业务、新模式、新主体不断出现，金融监管跟不上市场发展，存在不少空白和盲区等。

党的二十大报告提出，"必须更好发挥法治固根本、稳预期、利长远的保障作用，在法治轨道上全面建设社会主义现代化国家"[1]。新时代新征程，加强金融法治建设可从如下几个方面着力。

其一，及时推进重点领域和新兴领域立法。根据金融领域的改革和发展要求，推动重要法律法规的建立和及时修订，织密金融法网，补齐制度短板。尤其是要加强和完善有关金融稳定和安全的法规，明确金融风险处置的触发标准、处理程序、资金来源和法律责任，健全权责一致的金融风险处置体系和责任机制。其二，丰富执法手段。在市场准入、审慎监管、行为监管等各个环节严格执法，实现金融监管横向到边、纵向到底。在这个过程中，加强金融监管机构与宏观调控部门、行业主管部门、审计部门、司法机关、纪检监察机关等的协作，推动完善行政、民事、刑事立体"长牙带刺"追责体系，严厉打击非法金融活动和金融犯罪。其三，完善金融监管体制机制。依法将所有金融活动全部纳入监管。持续加强机构监管、行为监管、功能监管、穿透式监管、持续监管，推动构建全覆盖、无盲区的金融监管体制机制，不断提升监管有效性、专业性、权威性和透明度。

金融文化的培育和建设是一项基础工程、系统工程、长期工程，

---

1. 习近平.高举中国特色社会主义伟大旗帜　为全面建设社会主义现代化国家而团结奋斗——在中国共产党第二十次全国代表大会上的报告[J].求是，2022（21）.

内容十分丰富，任务极为艰巨，不可能一蹴而就，需要持续努力、久久为功。而且，金融文化的培育和建设有其自身内在规律，始终处于动态调整、发展变化之中并不断趋于完善。新时代新征程，必须坚持以习近平新时代中国特色社会主义思想为指导，积极培育中国特色金融文化，强化金融文化自觉与自信，推动我国金融高质量发展，为以中国式现代化全面推进强国建设、民族复兴伟业提供有力支撑。

第七章

建设金融强国：
金融高质量发展的战略目标

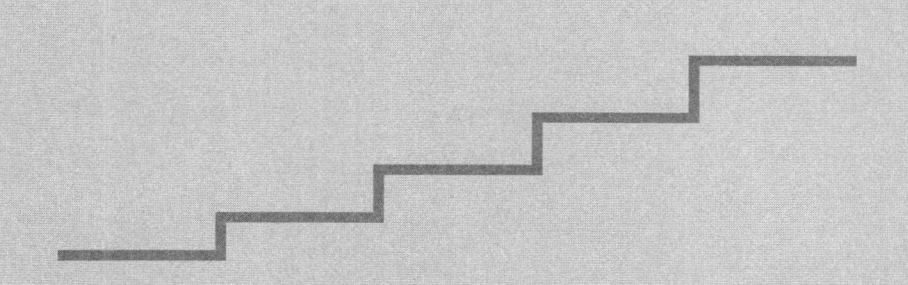

当今世界百年未有之大变局加速演进，我国全面建成社会主义现代化强国正在有序推进。习近平总书记在党的二十大报告中强调，新时代新征程中国共产党的中心任务是"团结带领全国各族人民全面建成社会主义现代化强国、实现第二个百年奋斗目标，以中国式现代化全面推进中华民族伟大复兴"，同时提出，到 2035 年要建成教育强国、科技强国、人才强国、文化强国、体育强国、健康中国等目标，并要求加快建设制造强国、质量强国、航天强国、交通强国、网络强国、数字中国等。

2023 年 10 月 30 日至 31 日，中央金融工作会议提出了加快建设金融强国的战略部署，金融强国成为 2035 年阶段性目标的重要组成部分。2024 年 1 月 16 日，习近平总书记在省部级主要领导干部推动金融高质量发展专题研讨班开班式上发表重要讲话时强调，金融强国应当基于强大的经济基础，具有领先世界的经济实力、科技实力和综合国力，同时具备一系列关键核心金融要素，即：拥有强大的货币、强大的中央银行、强大的金融机构、强大的国际金融中心、强大的金融监管、强大的金融人才队伍。建设金融强国需要长期努力，久久为功。必须加快构建中国特色现代金融体系，建立健全科学稳健的金融调控体系、结构合理的金融市场体系、分工协作的金融机构体系、完备有效的金融监管体系、多样化专业性的金融产品和服务体系、自主可控安全高效的金融基础设施体系。

习近平总书记的重要讲话明确了金融强国的科学内涵以及加快建设金融强国的目标体系。"六个强大"和"六大体系"是当前和未来一个时期，我国加快金融强国建设的政策纲领和行动指南。在中国式现代化推进过程中，资本作为一种要素，金融市场作为一种资源配置机制，将发挥不可或缺的作用。金融强国是融合金融政治性、人民性和专业性的重大战略。金融活，经济活；金融稳，经济稳。这本质上说明了金融对经济发展的支持功能，以及金融稳定是经济稳定的有机组成部分。这也与金融发展的传统理论相互契合，即金融发展与经济发展存在互相影响、良性互动的关系。[1,2,3]新时代新征程，金融高质量发展是经济高质量发展的内在需求，金融供给侧结构性改革则是匹配多样化金融需求的必要途径，[4,5]统筹金融发展与金融安全则是新时代中国式现代化发展的重要特征之一。为了加快中国特色社会主义

---

1. Goldsmith, R. W., *Financial Structure and Development*[M]. New Haven: Yale University Press, 1969.
2. McKinnon, R., *Money and Capital in Economic Development*[M]. Washington DC: Brookings Institution, 1973.
3. Shaw, E. S., *Financial Deepening in Economic Development*[M]. New York: Oxford University Press, 1973.
4. 郑联盛. 深化金融供给侧结构性改革：金融功能视角的分析框架［J］.财贸经济，2019，40（11）：66-80.
5. 郑联盛. 加快建设金融强国：现实价值、短板约束与重要举措［J］.改革，2023（12）：28-40.

市场经济体制建设,为了适应加快构建新发展格局的需要,基于金融作为现代经济的核心和资本要素配置的关键,必须紧紧围绕全面建成综合国力和国际影响力领先的社会主义现代化强国这一中心任务,以建设金融强国为目标,以服务实体经济为宗旨,加速推进世界金融中心建设,助力中国式现代化和中华民族伟大复兴。

在中国式现代化的历史进程中,金融强国是党中央的战略部署,是金融高质量发展的战略目标,是具有重大时代和历史意义的国家战略。清晰认识金融强国的科学内涵、目标体系,科学客观分析我国金融体系和金融强国建设中存在的短板与约束,进而提出具有针对性的政策建议,是金融工作的基础性任务。

第一节

金融强国及其关键核心要素

"金融强国"这一概念虽然较为广泛地在社会中传播，但是仍缺乏统一的学术性或政策性定义，关于其内涵和外延的讨论也不深入。加快建设金融强国的首要工作是全面、深刻、准确地认识和把握金融强国的科学内涵。作为发展中国家，我国加快建设金融强国要明确金融强国需要哪些关键核心金融要素，以作为有效支撑和重要推力。我国发展市场经济时间较短，与成熟发达市场经济仍有一定的距离，其中也包括对金融本质、规律和作用的认识还有待进一步深化，对金融强国战略价值的理解还亟待深化。

一般而言，金融强国是现代化国家的本质特征之一。从世界大国兴衰的规律来看，具有强大竞争力的现代化强国必须具有经济、科技和国防三大硬实力，以及制度和文化两大软实力。我国要建成综合国力和国际影响力领先的社会主义现代化强国，必须实现经济强国、科技强国、制造强国、国防强国和文化强国等目标。经济强国、科技强国、制造强国等是建成现代化国家的基本支撑，是物质文明的基本体现。这些目标的实现需要人才、资本、土地、技术和数据等生产要素的合理配置和有效融合。作为资本要素配置的核心部门,金融高质量发展、金融功能充分发挥以及金融强国建设,是经济强国、科技强国和综合国力提升的内在要求。

回顾世界发展历史,全球现代化国家无一不是金融强国,金融强国是具有强大竞争力现代化国家的重要特征和内在需求。当今世界的现代化强国,如美国、德国、英国、日本、法国等,都具有强大的现代金融体系,都拥有世界性的金融中心,都聚集了大量金融要素资源。[1]美国更是如此,货币(美元)、科技和国防成为美国国际竞争力中最突出的三大支撑。我国要在2050年建成综合国力和国际影响力领先的社会主义现代化强国,就必须加快构建中国特色现代金融体系,推进金融高质量发展,加快建设金融强国。

什么是金融强国?金融强国是一个国家的金融体系具有高效资源配置机制和全球金融资源链接能力的地位和状态。一般地,金融强国在金融领域的硬实力和软实力都要十分突出且具有全球引领性。在硬实力方面,金融强国要拥有完善的金融法律与制度,具有全球影响力的金融机构、强大的金融市场与多样化的金融产品和服务,典型的表现就是拥有较多的全球系统重要性金融机构、具有全球影响力的国际金融中心和国际化的金融资源配置机制。在软实力方面,主要体现为一个国家在全球金融体系中的国际影响力和金融创新能力。国际影响力主要体现为在国际货币体系、金融市场和国际金融事务中的地位和作用,能实质性影响国际金融格局,对国际贸易、国际投资和资本流动等具有重大影响,同时在国际金融组织、全球金融规则、国际金

---

1. 赵彦云,汪涛.金融体系国际竞争力理论及应用研究[J].金融研究,2000(8):62-71.

融监管和国际宏观政策与国际金融合作中起到引导作用。金融创新能力主要体现为金融产品及服务创新能力和科技应用能力，比如在数字经济时代，大数据、云计算、区块链等金融科技的应用和规范处于全球领先地位。

就金融强国的核心要素要求而言，理论上，一个国家要在金融机构、金融市场和金融服务等领域具有国际整合力、全球竞争力和全球影响力，其金融系统要具有充分且国际化的资金融通和资源配置功能，具有国际影响力的金融产品定价功能、国际化的货币、国际引领性的金融制度制定权以及显著的金融风险应对和修复能力。习近平总书记指出的强大的货币、强大的中央银行、强大的金融机构、强大的国际金融中心、强大的金融监管、强大的金融人才队伍等，就是金融强国的六大关键核心金融要素。

一、强大的货币

货币是金融的根基。强大货币的基本特征是货币信用强、货币币值相对稳定、国际使用程度高。货币是交易的媒介，几乎所有金融活动都建立在货币的基础之上。金融本质上就是以货币为基础的经济活动形式，核心是货币在经济体系中的流通与交互。在信用本位下，主权货币在金融发展中具有基础性作用，不仅是国内经济金融活动的核心载体，而且是国际经济金融活动的主要载体。一个国家金融体系的强弱，最基本的表现就是这个国家的主权信用高低和主权货币使用程度大小。

纵观世界强国崛起的历史，金融强国的实践经验表明，一国货币国际地位的变化往往伴随着一国的兴衰。早在17世纪，荷兰凭借在全球贸易上的地位率先崛起，荷兰盾一度成为世界贸易的主要货币；随后经由工业革命崛起的英国开启金本位制度，英镑成为新的国际货币；二战后美国凭借布雷顿森林会议，建立了以美元为中心的国际货币体系。[1] 即使是遭遇2007—2008年全球金融危机，时至2022年末，美元信用本位仍在以其强大的影响力左右国际贸易、国际投资和资本流动，同时对外围国家产生显著的政策外溢效应。从外汇储备看，美元仍然是外汇储备的第一大货币，2018年以来美元资产占全球外汇储备的比例基本维持在55%以上（见图7-1）。更值得注意的是，国际社会还呈现出较为显著的美元化趋势，个别国家或地区甚至实施盯住美元的货币局制度。

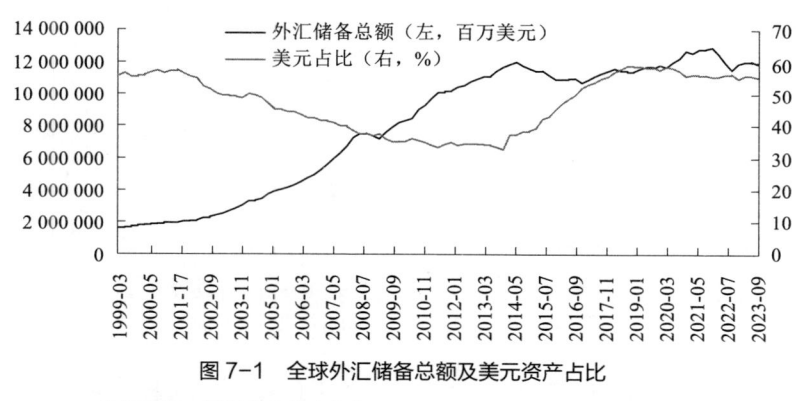

图7-1 全球外汇储备总额及美元资产占比

资料来源：国际货币基金组织

在经济全球化、经济金融化、金融全球化趋势中，货币主权信用强、国际地位高、购买力稳定是一国在全球化潮流中保持竞争力的基

---

1. 白钦先.百年金融的历史性变迁[J].国际金融研究，2003（2）：59-63.

本保障，亦是影响经济实力与国际地位的重要因素。强货币成为金融强国的重要特征之一。

二、强大的中央银行

币值稳定是强大的中央银行的基本标志。作为现代金融体系核心的中央银行负责调控货币总闸门，承担了稳定物价和促进经济增长双重职能，部分中央银行还承担维护金融稳定、保证国际收支平衡等职能。物价稳定及其背后的币值稳定是中央银行的核心目标，也是缔造强大货币的基本逻辑。理论上，锚定物价规则是稳定市场预期、保障中央银行独立性以及实现长期价格稳定的有效方式，即通货膨胀目标制，包括资产价格在内的诸多金融变量只有影响通货膨胀及其预期才需纳入货币政策框架之中。

在这个逻辑之下，货币政策以物价稳定为目标，以"单一目标与单一工具"为支撑的通货膨胀目标制成为诸多大型经济体的政策选择，近40个经济体选择了通货膨胀目标制或弹性通货膨胀目标制。虽然我国不是实行通货膨胀目标制的大型经济体，但是管住货币总闸门，确保物价稳定和币值稳定是强大中央银行的基本任务，也是强大货币的基础支撑。

宏观审慎管理是现代中央银行的重大任务。实际上，中央银行职能的"初衷"就是应对重大金融风险，履行最后贷款人职能，保障金融体系稳定。中央银行具有金融稳定的"天然"职能。《伦巴第街》一书生动地描述了中央银行的危机救助和最后贷款人职能：在警钟敲响之前，我们必须始终拥有随时可以动用的准备金，以帮助我们走出恐慌。最后贷款人职能在风险应对中主要表现为针对借款人、贷款人、投资者和流动性等四个领域的风险处置和救助职责，同时对于金融基础设施的维系亦十分重要。中央银行的最后贷款人职能更多体现为对金融市场流动性风险的应对和处置上，同时复杂金融机构和金融基础设施等的风险处置具有"系统重要性"。[1]

对于我国，现代中央银行制度需统筹更多的目标，要实现物价稳定、经济增长、充分就业和国际收支平衡等目标。在我国现代金融体系建设过程中，中央银行还需要承担金融稳定职能，是宏观审慎政策的牵头部门。坚守货币政策基础框架，强化金融稳定职能，健全货币政策职能与金融稳定职能的链接机制，保持物价基本稳定，有效防控金融风险，提升金融服务实体经济水平，统筹物价稳定、经济增长与金融稳定"多目标"，是现代中央银行制度建设的重要任务之一。

在开放条件下，系统性风险应对能力强，宏观审慎政策有效，即保障金融稳定和金融安全的制度保障、资源储备和政策能力要强，是强大中央银行的基本要求。脆弱性是金融固有的属性，只追求配置效率而忽略金融脆弱性爆发的后果可能诱发经济和社会的崩溃，金融资源配置的效率性与稳定性必须得到平衡关注。风险最小化和效率最优化是金融发展的核心。金融强国的内涵不能仅注重资源配置效率本身，还应该包括较强的稳定性以及应对金融不稳定的政策能力，即金融系统应对风险的能力充足。在金融全球化的背景下，这一能力更为重要。一方面，金融安全问题日益突出，特别是在开放条件下，金融基础设施、政策独立性、资产安全等的威胁较为突出。另一方面，全球市场融合和金融资源跨境流动伴随风险传染性，金融系统的潜在脆

---

1. 沃尔特·白芝浩.伦巴第街[M].北京：商务印书馆，2017：24-30.

弱性加剧，危机区域化和全球化趋势明显。为此，金融强国必须把应对金融系统性风险和金融安全威胁的能力"强"作为重要考虑因素。

三、强大的金融机构

金融机构是金融强国建设的重要微观基础。金融体系的期限转换、信用转换、流动性转换和风险转换等核心功能，本质上起着资源配置作用，是金融体系存在、发展和服务实体经济的关键。金融结构是各种金融工具、产品、服务和金融机构等的相对规模以及制度安排，其中金融机构处于基础地位。

经济高速增长是中国改革开放以来最大的成就之一，但是，经济高速增长模式需要一个能够迅速、高效、可控地进行期限转换、信用转换、流动性转换和风险转换的金融体系与之相匹配，以商业银行机构为核心、间接融资为主要融资方式的金融体系就成为中国金融体系的基本特征。可喜的是，我国 4000 多家银行机构构成了全球第一大银行业，2023 年末银行业金融机构资产总额达 417.3 万亿元。2023 年 11 月金融稳定委员会公布 2023 年全球系统重要性银行 29 家名单中，中国工商银行、中国农业银行、中国银行、中国建设银行和交通银行位列其中。近年来，我国全球系统重要性银行综合竞争力稳步提升。

以全球第一大银行业为支撑的金融机构体系，也存在两个方面的问题：一是银行业金融机构大而不强；二是服务于创新的直接融资型金融机构整体偏弱，这个问题的影响可能更为广泛且深刻。我国经济增速换挡使得资产配置久期可能拉长，间接融资方式相对直接融资方式将面临更加显著的期限错配难题，金融结构亟待调整。不同金融结构发挥金融的各项功能存在差异性，这使得金融与实体经济的关联结构和程度也存在差异。比如，不管是银行主导型金融体系还是资本市场主导型金融体系，对于金融风险都存在短期的负面反馈机制。但是，资本市场主导型金融体系通过资产价格上升效应能够更快地从负面冲击中缓解过来，而银行主导型金融体系则需要更长时间来修复资产负债表及其服务功能。[1]

更重要的是，发展模式转变和经济结构调整将导致金融结构的变化，高质量、创新型发展需要更多长期性资金和股权类投资，如何打造一流投资银行成为现实且急迫的任务，而多层次资本市场建设更是基础性任务。

多年以来，我国资本市场发展质效有待进一步提升，特别是近期资本市场下跌压力较大（见图 7-2），使得资本市场功能进一步被弱化。

四、强大的国际金融中心

金融强国代表着其金融系统资金融通和配置资源的功能要强，要具有全球资源统筹配置能力和载体，其中，国际金融中心是最典型的特征。资金融通是金融的基础功能，资源配置机制及其金融中心载体是金融体系的核心功能，也是金融强国最显著的特征之一。

金融系统资源配置功能相较于资金融通更具有主动性和复杂性。[2]一方面，现代经济学家普遍把资本积累的作用置于经济增长的核心。

---

1. Allen F, Bartiloro L, Gu X, and Kowalesiki O. Does Economic Structure Determine Financial Structure ? [J]. *Journal of International Economics*, 2018, vol.114, pp.389-409.
2. 白钦先. 百年金融的历史性变迁 [J]. 国际金融研究, 2003（2）: 59-63.

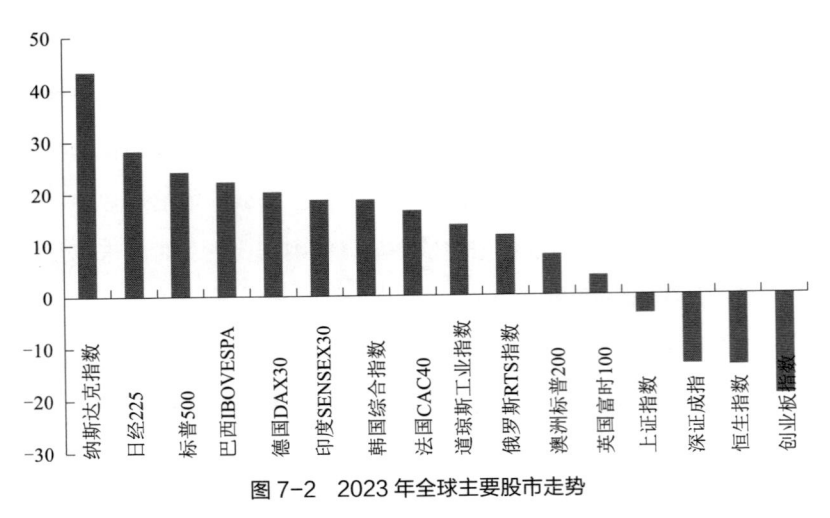

图 7-2　2023年全球主要股市走势

资料来源：Wind

在市场经济条件下，金融系统能够通过储蓄动员和投资选择，将风险回避型储蓄者的资源导向风险相对中性甚至有一定风险偏好的借款者，这体现了金融系统信用转换和期限转换等功能。另一方面，金融发展本身就是金融功能围绕资源配置的核心不断扩展和深化的过程，而金融发展会通过要素投入和生产函数机制促进经济增长。现代化经济是市场经济，是以金融为资源配置核心制度的经济。强化金融资金融通的基础作用、配置资源的核心作用和金融中心的集聚效应，就是建设金融强国的重大任务。金融中心和金融系统发挥强大的资金融通和资源配置功效，是金融强国的最基本特征。

强大的国际金融中心体现在金融系统定价权的强大上，特别是国际市场定价能力和交易权力要强。是否具有庞大而高效的金融市场和具有系统影响力及定价权的国际金融中心，是衡量一国金融体系是否强大的重要依据。发达的金融市场不仅在国际金融市场上能够影响资金流动，还能决定资产价格，从而表现出强大的金融系统定价权。[1]

国际经验表明，金融强国及其国际金融中心往往具备这种对国际市场的强大影响能力和对金融产品的强大定价权力。比如，美国国债被认为是全球无风险资产，其他资产价格都以美国国债作为定价的"锚"。再比如，英国和美国占据外汇市场的定价权。根据国际清算银行截至2019年4月的报告，英国在全球外汇市场的日均交易额达到3.58万亿美元，位居全球第一；美国日均交易额为1.37万亿美元，位居全球第二。中国虽然是全球最大原油进口国，但原油定价也主要由美欧主导，并且是以实际交割数量非常有限的期货市场作为主导性定价市场。在英国智库Z/Yen集团与中国（深圳）综合开发研究院联合发布的全球金融中心指数（GFCI）中，纽约和伦敦长期占据国际金融中心的前两位（见图7-3）。

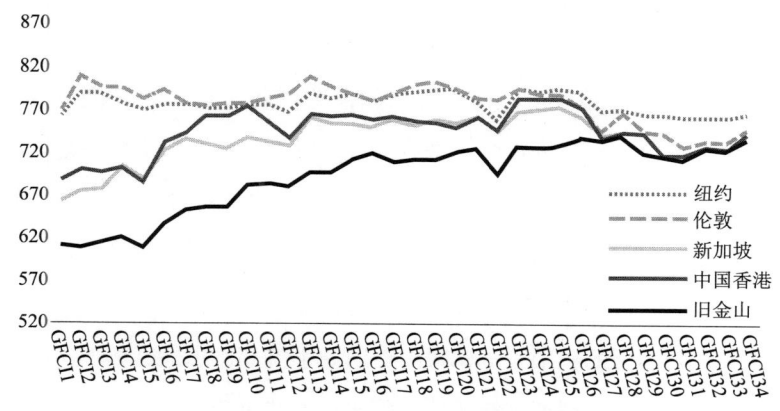

图7-3 全球五大金融中心指数变化走势

资料来源：Z/Yen

---

1. 陆磊.在改革开放中建设金融强国[N].人民日报，2015-10-14（7）.

第七章 建设金融强国：金融高质量发展的战略目标

五、强大的金融监管

强大的金融监管是金融强国建设的有力保障。党的二十大报告指出，要加强和完善现代金融监管，强化金融稳定保障体系，依法将各类金融活动全部纳入监管，守住不发生系统性风险底线。中央金融工作会议更是强调，要全面加强金融监管，有效防范化解金融风险。我国需要构建一个与中国式现代化需求相匹配的现代金融监管体系。一般地，现代金融监管包括宏观审慎管理、微观审慎监管、保护消费者权益、打击金融犯罪、维护市场稳定、处置问题金融机构等。

金融监管最重要的功能是守住不发生系统性金融风险的底线，守住全局性金融安全的红线，在公正、统一、规范的金融监管体制下，维护三个方面的金融稳定，分别是金融市场的平稳运行、金融机构的稳健运营以及金融交易的顺利进行。现代金融监管的核心之一就是要确保金融稳定，防范化解重大金融风险，保障金融安全，维护好金融市场、金融机构和金融交易的有效和稳定运行。[1]

为了确保金融稳定，在宏观层面需要强化宏观审慎管理，着重对顺周期效应和系统重要性等进行有效应对，强化系统重要性金融机构的监管要求，弱化不同类型金融机构的内在复杂性，确保系统稳定；在微观层面需要加强微观审慎监管，全面加强机构监管、行为监管、功能监管、穿透式监管和持续监管，提升监管有效性。更为重要的是，在我国新的金融管理框架中，宏观审慎和微观监管分属不同的部门，宏观审慎管理与微观审慎监管要更加注重统筹协调，有效融为一体，共同确保金融稳定。

---

1. 郑联盛，刘贤达.统筹金融发展与金融安全的重点领域与政策建议［J］.经济纵横，2023（2）：111-121.

加强和完善现代金融监管，要着力强化"五大监管"。

一是机构监管，也就是按照不同机构来划分监管对象，分别由不同的金融监管部门对不同的金融活动进行监管。强化机构监管，有利于避免不必要的重复监管，减少监管资源的浪费，降低监管成本，从而在一定程度上提高监管功效。此外，机构监管还有助于进一步避免各金融机构之间的风险传导，维护金融安全。

二是行为监管，即政府通过特定的机构，对金融交易行为主体进行的某种限制或规定，是关于金融产品交易者和市场交易方面的政府规制。行为监管与审慎监管相对应，更强调对违法违纪行为的检查、处罚，保护好金融消费者权益。强化行为监管可以更好地发挥监管问责的作用，对违法乱纪的责任人进行严肃追责，树立金融监管威信，在金融监管领域正风肃纪。

三是功能监管，根据金融产品的性质及金融体系的基本功能设计金融监管方式和方法，以商业行为来判断监管边界。与机构监管相比，强化功能监管可以做到金融监管标准的公正统一，进一步提高金融监管的公平性，减少套利行为。

四是穿透式监管，就是监督金融市场中的所有参与者，包括金融机构、市场参与者和投资者，穿透金融市场的各个层面，以确保市场的公平、透明和合规运作。"穿透式监管"可以分为两大类：对投资者的"穿透"，即在由监管失效造成多层嵌套的情况下，穿透识别最终投资者是否为"合格投资者"；对产品的"穿透"，即从监管比例、投资范围、风险计提等角度穿透识别最终投资标的资产是否合格。穿透式监管最终可以同时穿透上下两个方向，即向上穿透核查投资者，向下穿透核查投资标的。强化穿透式监管，可以深入了解市场的各个方面，进一步识别潜在的风险和不当行为，并采取相应措施来维护市场秩序和保护投资者利益，有助于提高市场的透明度、稳定性和安全性。

五是持续监管，强调监管在时间上的连续性，关注金融市场和金融机构的动态变化和发展趋势，如对金融产品发展和金融风险变化等进行持续性监管，目的在于保证金融市场的连续性和稳定性。强化持续监管，要注意两个方面：要加强金融监管政策的稳定性，在政策实施上保持金融监管的持续性；要注重金融监管行为的连续性，向金融机构和金融市场等传递明确的政策和监管预期，从而进一步提高金融监管的成效。

六、强大的金融人才队伍

金融领域专业性强、复杂程度高，人才队伍至关重要。金融系统本质是一个以资本为核心要素、以人才为基础支撑、以制度规范为核心保障的复杂系统。作为国民经济的血脉，金融具有很强的专业性，需要一支强大的专业人才队伍。金融业务和金融服务的竞争本质上是金融人才的竞争，金融系统所有的制度、规范、标准和规则等都是金融人才发挥专业性作用的结果。

一个国家只有拥有强大的金融人才队伍，才能拥有金融制度的主导权力，尤其是在国际金融市场或体系中的制度、规则、标准制定或"立法"权力。制度性话语权意味着一个国家在全球金融制度的制定、形成、发展和变革中的主导作用与影响能力。

回顾过去，国际金融历史就是金融强国主导制度性话语权、制定一个又一个"游戏规则"的历史，金融秩序更迭也主要是金融强国制度性话语权的更迭。从最早的英国金本位制规则，到二战后美国主导的布雷顿森林体系，再到当前国际金融多元发展格局，新兴国家在全球金融治理中发挥越来越重要的作用，虽在一定程度上削弱了美欧在国际金融秩序上的制度性话语权，但是仍然无法撼动其主导性影响力。

无法否认的是，金融弱国无法引领和主导国际金融秩序的格局演变。首先，金融弱国必须被动接受金融强国制定的规则才能参与到国际金融活动中；其次，金融强国制定的规则更多考虑本国利益，可能损害弱国利益或对弱国造成多重影响；最后，金融弱国较难对金融强国的政策外溢性做出有效的政策应对，特别是对核心货币国的政策外溢基本处于被动接受状态。可见，以金融人才队伍为支撑、以拥有制度性话语权为代表的金融制度主导性是建设金融强国的重要特征。

金融体系是以资本作为要素、以金融市场作为依托、以资源配置作为核心功能的复杂系统，同时是一个连接内外两个市场、统筹内外两种资源的内外经济互动载体。金融强国在我国的现代化进程中发挥着至关重要的作用。

其一，金融强国是中国式现代化的内在要求。金融是现代经济的核心，金融高质量发展是建设社会主义现代化强国的核心保障力量。资金融通是金融的基础功能，资源配置是金融的核心功能。在市场经济条件下，金融能够发挥"连通器"和"放大器"的作用，迅速将储蓄转化为投资，形成资源配置的"加速器"效应。强化资金融通的基础作用和资源配置的核心作用是建设金融强国的首要任务，金融能够发挥强大的资金融通和资源配置功效是金融强国的最本质特征。建设金融强国，发展金融市场，健全金融功能，提高金融效率，提升金融服务高质量发展的能力和水平，是中国式现代化必不可少的支撑条件。

其二，金融强国是国家综合实力的支撑条件。金融是国家重要的核心竞争力，现代化金融体系是我国提升综合国力和国际竞争力的基础支撑。一个国家的主权货币信用强、货币相对稳定、国际使用程度高，是该国与外部资源和外部市场有效互动的基本前提。一个国家的定价权特别是国际市场定价能力和定价权力，决定了该国在国际金融经济体系中的地位和作用。一个国家的金融市场规模大、功能强，就能为国际储蓄者、投资者、实体企业、金融机构和其他主权国家提供资金融通的便利渠道，也是该国统筹全球资源的重要载体。发展金融市场，健全金融功能，建设金融强国，实现金融高质量发展，是中华民族伟大复兴不可或缺的支撑条件。

其三，金融强国是金融稳定和安全的基本保障。金融安全是国家安全的重要组成部分，建设金融强国是维护国家金融安全最可靠的现实保障。建设金融强国，意味着维持金融稳定、应对风险威胁、恢复金融功能的制度保障、资源储备和政策调控能力等方面的全面增强。一方面，在全球经济金融一体化背景下，金融强国是应对金融体系内生风险传染的重要手段；另一方面，金融强国是应对个别发达国家宏观政策不对称外溢冲击的有效保障。建设金融强国，以发展促稳定、以发展保安全、统筹发展和安全，是贯彻落实总体国家安全观的内在要求。

其四，金融强国是国际治理主导性的重要表现。金融制度是经济社会发展中重要的基础性制度，现代化金融制度是一个国家在国际治理体系中地位和作用的重要表现。金融制度的垄断性强、渗透力大、关联性高、影响力显著，谁拥有了国际金融市场制度的"立法"权，谁就能够占据国际经济金融治理的先机。一个国家在全球金融体系演进、发展和变革中的主导作用与影响能力如何，主要看该国的金融制度话语权大小。以拥有制度性话语权为代表的金融制度主导性是建设金融强国的重要特征。建设金融强国，为全球金融繁荣和稳定提供中国智慧和中国方案，是构建开放型经济新体制的重要任务。

第二节

我国建设金融强国的现实基础与短板弱项

我国金融系统发展迅速，取得了举世瞩目的成就。在短短的40多年时间里，我国已经拥有全球第二大金融系统，银行业资产规模居全球第一，保险市场规模居全球第二，债券市场规模居全球第二，外汇储备规模连续19年稳居全球第一。但是，我国金融系统离金融强国的标准、离中国式现代化和现代化强国的要求仍然有较大的差距。金融强国建设仍存在多个短板弱项，特别是我国金融市场仍然是一个资产扩张型的发展模式，金融市场资源配置功能亟待提升，金融系统国际化水平总体偏低，国际金融公共产品提供能力较弱，金融发展质效亟须进一步增强。

一、我国已成为重要的世界金融大国

相对于西方数百年的现代化历史，我国现代化进程非常短，现代化金融体系建设的进程更短。改革开放以来，我国经济取得了举世瞩目的历史性成就，我国已经成为世界第二大经济体。随着经济的持续快速发展，我国经济金融系统与美国经济金融系统的差距正在缩

小。我国经济规模与美国经济规模的比例从2012年末的52.5%提升至2021年末的77.1%，达到改革开放以来之新高。由于美元升值等多重因素影响，2022—2023年我国经济规模与美国经济规模的比例有所下降，但是，我国经济整体上是一个波浪式发展、曲折式前进的进程。经济兴，金融兴，经济发展为金融发展提供了真实需求，是金融体系发展和金融强国建设的基础支撑。党的十八大以来，我国经济高质量发展水平不断提升，我国综合实力和国际影响力持续提高，我国已成为重要的世界金融大国。

从国际货币基金组织的统计来看，2011年末，我国金融发展指数为0.51（最高分为1）；美国金融发展指数达0.89，中美差距38个基点。2021年末，我国金融发展指数为0.67，美国金融发展指数为0.91，中美差距缩小至24个基点。[1]

我国金融部门发展迅速，银行业和债券市场发展更为突出（见图7-4）。银行业方面，2016年以来，我国银行业超越欧元区，成为全球第一大银行业。2023年3季度末，我国银行业资产规模约为57.1万亿美元，是美国的2.5倍左右。债券市场方面，2019年6月末，我国超越日本成为全球第二大债券市场。中美债券市场规模之比从2012年的10.8%迅速提升至2022年末的45.6%（2023年降为40.3%）。股票市场方面，中美股票市场市值比例从2012年的19.5%提高至2022年末的约29%（2023年降为24.9%，全球第三位，位居欧元区之后）。[2] 保险业方面，我国保费收入于2017年超越日本，成

---

[1]. 资料来源为国际货币基金组织。详见 Financial Development - By Indicator - IMF Data.

[2]. 中美基础数据来自 Wind 数据库。汇率以期末收盘汇率计。

为全球第二大保险市场，保险业总资产已经从 2012 年底的 7.4 万亿元上升至 2023 年 3 季度末的 29.6 万亿元。[1] 在货币国际影响力方面，人民币于 2016 年加入国际货币基金组织特别提款权货币篮子，以 10.92% 的权重成为第三大货币，2022 年 8 月进一步上调至 12.28%，同时美元权重由 41.73% 上调至 43.38%，欧元和日元的权重则进一步萎缩。

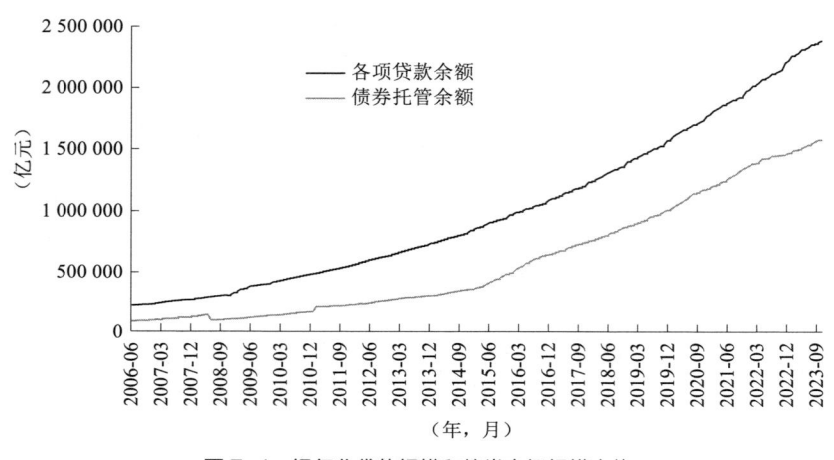

图 7-4 银行业贷款规模和债券市场规模走势

资料来源：Wind

二、我国金融强国建设存在的短板弱项

其一，金融发展模式亟待转型优化。

虽然我国已经是世界金融大国，已拥有全球第二大金融系统，但是，我国金融体系整体上仍是以规模、数量、速度驱动的发展模式，

---

[1]. 数据来自中国政府网和原中国银保监会网站。2012 年数据参见"2012 年保险市场稳中有进 全年保费收入同比增长 8%"（www.gov.cn）。2023 年数据参见：http://www.cbirc.gov.cn/cn/view/pages/ItemDetail.html?docId=1136214&itemId=915。

金融效率和国际竞争力仍相对偏低。2012年至2022年末，美国银行业资产扩张1.71倍，其中贷款规模扩张为1.81倍，而我国银行业资产扩张超过2.82倍，其中贷款规模扩张约3.4倍。[1]我国银行业贷款增速显著高于资产增长，占总资产比重较大，反映出我国银行业是一种以信贷资产规模扩张为主导的发展模式。

这种发展模式显然与发展型政府主导下的金融发展路径紧密相关，也与我国作为后起国家的追赶策略相匹配，事实上也发挥了巨大的作用。但是，这种发展模式存在内生的顺周期效应，其长期发展受制于金融资源投入的产出效益，特别是信贷扩张下的资产回报率。一旦经济周期处于较强下行压力，银行信贷需求可能出现收缩，企业或家庭也可能出现主动去杠杆，从而使银行体系陷入一个信贷需求不足的负反馈螺旋，同时银行业资产质量可能显著恶化，银行体系资本金补充压力骤升，风险将可能显著加大。以规模扩张为支撑的金融发展模式较难持续，也将弱化金融强国发展的基础。为此，转变发展模式，着力提升金融发展质效，有效防控金融风险，确保金融机构稳健、金融市场有效和内外互动顺畅，是我国金融高质量发展和金融强国建设的内在要求。

其二，金融市场功能体系亟待完善。

金融强国最核心的特征是市场体系在资源配置中发挥决定性作用。金融市场是各类要素市场中最活跃的领域，可以在资源配置中发挥更大的作用。改革开放40多年来，我国整体是在探索一条具有中国特色的社会主义市场经济发展道路，并且取得了巨大的成功。党的

---

1. 中国数据来自Wind数据库。美国数据来自美国联邦存款保险公司（FDIC），参见：FDIC: Statistics at a Glance。

十八大以来，我国进一步明确市场在资源配置中的决定性作用，以及更好发挥政府作用。基于此，我国金融体系中的市场与政府关系也在动态变化之中，特别是在政府引导下的金融系统经济调节功能成为经济平稳较快增长的基础保障之一，并且逐步演化为发展型政府主导下的金融发展模式。发展型政府主导下的金融体系，以快速资源动员机制，以及高储蓄高投资转换机制，有力支撑了我国经济后发优势和赶超策略。这使得我国迅速成为世界第二大经济体，并使中国金融系统成为全球第二大金融系统。

我国金融发展的逻辑主要是由经济发展的大逻辑所决定的。我国经济社会发展不平衡，主要是各区域各领域各方面存在失衡现象，制约了整体发展水平提升；我国经济社会发展不充分，主要是全面实现社会主义现代化还有相当长的路要走，发展任务仍然很重。发展不平衡、不充分同样是金融系统发展的主要矛盾。我国金融体系发展不充分、不平衡问题主要表现在五个方面。

一是金融行业取得巨大发展成就，但金融市场功能仍有待进一步提升，特别是金融系统的信号、定价和资源配置功能亟须加强。

二是银行部门成为全球第一大银行业，但银行部门服务高质量发展的质效亟待提升；同时，我国直接融资体系有待进一步发展，特别是多层次资本市场的建设和长期股权性资本的供给亟待加强。

三是国内金融部门得到了迅速发展，但金融对外开放还有待进一步深化，特别是金融高水平对外开放亟待加强；金融体系的国际化程度和全球化关联仍相对较弱。

四是我国金融体系已成为全球第二大金融体系，但与国际金融体系多样化产品和服务需求仍然有较大的供给差距，特别是跨境金融服务的能力亟待提高。

五是在国际重要金融市场中,我国金融系统还没有足够的定价权和交易权,国内金融市场和实体经济受国际金融市场价格波动的负面影响较为明显。

长期以来,我国金融部门通过支付清算、资金融通、风险管理、经济调节和内外关联等途径服务实体经济,并为经济发展做出了巨大的贡献。然而,我国金融部门缺乏全球领先的创新机制、商业模式、盈利模式和风险防控机制,大部分金融业务和服务是跟随型、模仿型的,难以占据价值链高端。同时,我国的资金融通对中小微企业的支持不足,金融部门仍然面临较大的风险隐患,经济调节中的市场机制偏弱,内外关联紧密度不高。

因此,我国金融功能发挥距离高质量发展和中国式现代化的目标要求仍然较远,与建设社会主义现代化强国所需要的金融发达程度和综合竞争力仍有较大差距。虽然我国金融发展指数比整个发达经济体金融指数均值(0.63)略高,但仍低于美国、日本、英国和德国,国际市场金融产品和服务的供给能力较为不足,在重要金融要素的交易和定价上的影响力也非常有限。

映射到金融强国的特征要求,我国金融市场功能有待提升,定价权和交易权的影响力亟待提高。金融支持创新的资源动员机制不充分,银行主导的间接融资供给与创新驱动的直接融资需求不匹配,特别是长期资本配置仍是短板。金融系统的国际影响力和国际竞争力仍偏低。金融系统的软实力特别是制度、规范和标准等的引领性较为有限。市场机制是赶超模式的重要依托,只有通过完善市场机制和提升市场效率,才能使我国金融体系从"大"到"强",中国经济相对于欧美发达国家才真正具有"赶超"的空间。

其三，金融内外链接能力亟待强化。

2008年全球金融危机爆发后，我国主要实施人民币国际化战略，着力于跨境贸易人民币结算、离岸人民币市场发展以及人民币互换协议等三大重点工作，期待提升人民币作为国际货币的功能，构建一个多元化国际货币体系，同时，着力提升中国提供国际化的金融产品与服务的能力与水平。人民币国际化取得了一定进展。

但是，2015年"811"汇改后，人民币持续升值预期减弱，人民币进入双向波动态势，人民币国际化进程因需求不足和资本项目管制等实际约束而放缓。虽然人民币在2016年加入了国际货币基金组织特别提款权货币篮子，并成为第三大货币，其后，我国实施了以需求为基础、以大宗商品交易人民币计价与结算、向国际投资者开放国内金融市场和构建跨境人民币支付清算体系为支撑的人民币国际化新策略，但是，总体上看，人民币业务国际化水平仍较低，国际使用程度较弱，国际货币功能较为有限，为国际社会提供的金融产品和服务也较少。这是我国建设金融强国显著的一块短板、一个弱项，人民币作为国际货币的功能不仅显著弱于美元和欧元，也不及英镑、日元，甚至在部分领域还逊于瑞士法郎、澳元和加元等。人民币国际货币功能和国际地位与我国经济和金融规模及作用极不相称。更重要的是，人民币市场为国际社会提供"无风险"资产和稳定收益资产的能力亟待加强。我国债券市场发展迅猛，但规模与美国仍然有较大的距离，资产规模仍相对偏小。而且，我国债券市场收益率曲线不完善，交易不活跃，流动性不足，风险对冲机制不充分。

一方面，这种状态本质上反映了以人民币为纽带的金融业务关联非常有限，内外市场体系的利益链条较为简单，更进一步说，人民币在国际货币体系和全球金融市场中较容易被替代。在我国境内，2022年末，我国银行业总资产规模高达379.39万亿元[1]，其中，我国银行业对外金融资产为1.52万亿美元[2]，占总资产约为2.7%。2023年末，外资银行总资产为3.86万亿元[3]，为我国银行业总资产的0.92%。在国际支付系统中，2022年年末，美元国际支付份额为41.89%，欧元为36.34%，英镑为6.08%，日元为2.88%，人民币位列第五名，占比为2.15%。2023年末，美元、欧元和英镑的支付占比分别为47.54%、22.41%和6.92%，人民币提高至第4位，占比为4.14%（见表7-1）。[4] 2022年3季度末，在全球外汇储备资产货币结构中，美元、欧元、日元、英镑等资产占比分别为58.4%、20.5%、5.5%和5.0%；人民币位列第5位，仅为2.7%。[5]

表7-1　全球跨境支付币种结构　　　　　　　　（单位:%）

时间	美元	欧元	英镑	日元	人民币
2012-01	29.73	44.04	9.00	2.48	0.25
2012-12	33.34	39.76	8.68	2.45	0.57
2013-12	39.52	33.21	9.13	2.56	1.12

---

1. 参见：央行：2022年末金融业机构总资产419.64万亿元，中新网（https://www.chinanews.com.cn/cj/2023/03-15/9972040.shtml）。
2. 参见：国家外汇管理局公布2022年末中国银行业对外金融资产负债数据，国家外汇管理局门户网站（http://www.safe.gov.cn/safe/2023/0330/22527.html）。
3. 参见：截至去年底在华外资银行总资产达3.86万亿元，中新网（http://www.chinanews.com.cn/cj/2024/01-25/10153085.shtml）。
4. 数据来自SWIFT。详见BCG and Swift publish annual Global Payments report | Swift.
5. 数据来自国际货币基金组织。

（续表）

时间	美元	欧元	英镑	日元	人民币
2014-12	44.64	28.30	7.92	2.69	2.17
2015-12	43.89	29.39	8.43	2.78	2.31
2016-12	42.09	31.30	7.20	3.40	1.68
2017-12	39.85	35.66	7.07	2.96	1.61
2018-12	41.57	32.98	6.76	3.36	2.07
2019-12	40.08	34.17	7.07	3.30	2.15
2020-12	38.73	36.70	6.50	3.59	1.88
2021-12	40.51	36.65	5.89	2.58	2.70
2022-12	41.89	36.34	6.08	2.88	2.15
2023-12	47.54	22.41	6.92	3.83	4.14

资料来源：SWIFT

另一方面，这种状态决定了人民币在国际货币体系中处于"外围货币"的情形，显著受到以美元为主导的国际货币体系的外溢冲击。2008年全球金融危机以来，国际金融市场特别是外汇市场的波动比以前更加显著，引发了重大金融风险。[1] 在外部政策冲击之下，叠加自身经济结构问题以及经济金融风险，阿根廷比索从2015年开始出现巨幅贬值，阿根廷发生了严重的货币风险，金融稳定和金融安全面临巨大的挑战。作为G20成员、北约成员国，土耳其的货币土耳其里拉在2022年以来也发生了超过60%的大幅贬值。在汇率制度及其相关政策安排的选择中，特别是面临不可能三角的现实操作中，一个国家不一定非要在不可能三角的三个角点之间进行选择（角点

---

1. 周小川. 关于改革国际货币体系的思考［J］. 中国金融，2009（7）：8-9.

解），而可以寻求中间状态（中间解），比如实施中间汇率制度。[1]有研究认为，新加坡和人民币的汇率制度都是中间汇率制度。我国人民币汇率形成机制仍然处于改革完善之中，在以美元为主导的国际货币体系之中，需要把握好中心货币国家的政策调整不对称性所潜藏的金融稳定和金融安全威胁。

当然，人民币国际货币功能不强也和资本项目管制紧密相关，而资本项目管制在过去较长一段时间内被证明是抵御包括中心货币国家政策外溢等外部冲击的有效方式。这实际上涉及金融系统更大程度的开放和金融稳定的有效保障之间的权衡关系。从这对关系来看，保障金融稳定和金融安全的任务在当前和未来一段时间仍非常重要，人民币国际化特别是人民币国际货币功能的提升可能是一个相对较长的过程，这也决定了我国金融强国的发展是一个中长期的进程。

其四，国际金融治理水平亟待提升。

国际相对统一的金融制度、监管规范、运行准则和技术标准等，是国际社会和国际金融体系的重要公共产品。一个国家金融体系强弱的重要表现就是国际金融体系公共产品的提供与完善能力。美国和欧洲主导了当前国际货币金融体系的规则制定权和公共产品提供机制，我国主要处于跟随状态和执行状态，其中包括但不限于国际收支平衡标准、汇率监督机制、银行资本金监管、系统重要性金融机构认定及监管、金融基础设施、支付清算等领域。比如，在银行业监管方面，2009年我国才加入巴塞尔银行业监管委员会。以《巴塞尔协议Ⅲ》为代表的银行业监管国际标准仍然是美欧发达国家在主导。我国在有效实

---

1. 易纲，汤弦. 汇率制度"角点解假设"的一个理论基础 [J]. 金融研究，2001（8）：5-17.

第七章　建设金融强国：金融高质量发展的战略目标　　225

施国际标准的同时，也在宏观审慎政策完善上进行探索，比如在跨境资本流动逆周期管理、宏观审慎评估体系等的实践受到国际货币基金组织等的认可和好评。但是，我国在金融监管等规制标准的研究和制定能力上仍有较大空间，亟待提升全球金融监管公共产品的能力和水平。

再以金融国际标准为例，国际标准化组织（ISO）金融标准技术管理委员会已发布标准59项，但我国有实质性参与的只有2项。国际标准化组织2022年标准制定中的16个联络机构，均为欧美国家金融机构。[1]当然，我国在金融国际标准等方面的作用和地位也在逐步提升，比如在移动支付、数字经济等的标准制定中发挥了更加积极的作用，致力于与国际同人一起合作提供公共产品。整体上，欧美国家在金融国际标准的组织体系、理论体系和话语体系中具有较为显著的引领地位，尤其在各分技术委员会联络组中占据重要地位。

作为全球支付清算报文系统的核心，SWIFT董事会共有25个董事席位，根据各成员对SWIFT服务的财务贡献来分配股份，贡献度排名前6位的国家可提名2名董事，其后10个国家（第7~16位）可提名1名董事，其他股份数量不足以推荐1个董事的国家，可以联合其他国家共同提名董事，依据此方式推荐的董事人数不超过3个。当前，美国、英国、德国、法国、比利时和瑞士各拥有2个董事席位，SWIFT董事会主席一般由美国担任。2018年开始，我国才获得SWIFT董事会1个席位。美欧国家在金融制度、规则和标准上的"立法"主导权以及在相关机构中的实际决策权和管理权，使它们具有了金融资源国际配置的主导权甚至决定权。

---

1. 刘非，郑联盛.ISO金融国际标准：演进、博弈与应对［J］.国际经济评论，2021，155（5）：81-110.

第三节

推进金融高质量发展以加快建设金融强国

从建设社会主义现代化强国的内在需要出发，加强党对金融工作的领导，着力解决我国金融发展面临的突出矛盾和问题，补齐金融强国的发展短板，必须从国家战略层面加快建设金融强国。特别值得注意的是，金融强国建设的核心目标不是零和博弈，不是相互取代，而是为了优化国际金融货币体系，建设更加稳定的国际金融市场体系，从而更好地服务中国式现代化，服务中国与世界经济有序高效互动。

一、着力完善金融市场机制

一是厘清政府与市场的关系。在坚持和加强党对金融工作集中统一领导的基础上，有效约束政府行为，降低政府性或政策性投资比重，让市场发挥金融资源配置的决定性功能。[1]着力健全产权清晰、权责明确、政企分开、管理科学的金融机构现代治理体系。

二是健全金融要素的定价机制。深化金融要素市场化定价机制

---

1. 韩保江，李志斌.中国式现代化：特征、挑战与路径［J］.管理世界，2022，38（11）：29-43.

改革，着力推进利率市场化、汇率形成机制以及国债收益率曲线建设，充分发挥信用利差的定价功能，实现金融要素价格由市场决定、流动自主有序、配置高效公平。

三是优化金融供给与需求的匹配。优化金融机构体系、金融服务体系和金融产品体系，为中国式现代化特别是经济高质量发展提供更大规模、更高质量、更有效率、更具针对性的金融供给服务。

四是提高直接融资比例。统筹好间接融资和直接融资的关系，大力发展直接融资，深化科创板和注册制改革，形成融资功能完备、基础制度扎实、市场监管有效、投资者合法权益得到有效保护的多层次资本市场体系。

五是健全完善市场化竞争与退出机制。完善金融机构竞争与退出制度，以存款保险制度实施深化为支撑，以市场纪律为约束，更多采用市场化破产清算机制，着力健全金融机构风险处置、破产及退出机制，以市场出清来提升金融发展质效。

二、强化和完善现代金融监管

一是深化金融监管改革。以党中央和国务院关于金融监管机构改革的部署为契机，注重加强金融的政治性，完善金融稳定和发展机制，以"五大监管"为重点建立与时俱进的金融监管体系，提高监管方法的科学性和监管工具的有效性，加强金融监管的协调性。

二是保障金融稳定和金融安全。以微观监管和宏观审慎政策为支撑，有效融合机构监管和功能监管，协调统筹内部监管和外部监管，牢牢守住不发生系统性金融风险底线，并确保金融安全。

三是充分保护消费者权益。着力强化金融的人民性，以法制为基础，以提高透明度为突破口，以市场化惩罚机制为抓手，有效保障金融消费者的合法权益。

三、夯实金融高质量发展基础条件

一是强化经济与金融共生共荣，继续强化经济高质量发展和现代化产业体系建设。着力强化经济与金融发展的内在统筹，把中国式现代化作为最大的政治，将高质量发展作为首要任务，坚持把发展经济的着力点放在实体经济上，推进新型工业化，加快建设制造强国、质量强国、航天强国、交通强国、网络强国、数字中国，夯实金融高质量发展的产业基础和实体支撑。

二是着力布局全球金融基础设施。充分认识我国金融体系国际化程度偏低和公共产品提供能力偏弱的现实，着力于补短板，强化与现有国际支付清算机制的合作，积极参与全球和区域的金融基础设施建设，深入参与国际金融标准、规则、制度等建设，共同提供国际金融体系公共产品。

三是寻找竞争突破口。数字经济可能是未来国际金融竞争的核心领域，采用"换道超车"策略制定数字经济发展国家战略，以金融科技创新作为提升国际竞争力的突破口，以开放、包容、规范的态度和举措进一步强化我国大数据、移动支付、金融科技、数字货币等的竞争力。

四是完善法律制度。立足长期视角、全局视角和宏观视角，减少法律的不完备性，强化机构立法与功能立法的结合，着力构建与功能监管相统一的金融法律体系，形成以公平的市场环境、稳定的市场运行和有效的消费者权益保护为"三大支柱"的法制生态环境。

四、做强主权货币

一是增强人民币币值的稳定性。深化人民币汇率形成机制和外汇管理机制改革,进一步提高人民币汇率形成机制的市场化、有效性和韧性水平,保持人民币汇率的相对稳定。更为重要的是,要着重强化人民币货币供给机制,着力强化以国债作为货币政策与财政政策协调的核心。

二是强化人民币与贸易、投资和产业链的关联性。着力提升跨境交易、贸易融资、外商直接投资或海外直接投资等领域的服务水平,推动国际贸易与投资的优化升级,提升国际贸易与投资的数字化水平,加快建设国际贸易强国。

三是加快国际金融中心建设。以上海、深圳作为内地国际金融中心,以香港作为境外国际金融中心,重点提高人民币资产供给水平,大力发展国债市场,着力提升我国金融要素交易权和定价权,形成与现代化经济体系相适应的全球金融要素配置中心。

四是稳步推进人民币国际化。以需求为支撑,以市场化为基本原则,稳步推进人民币国际化,继续优化跨境贸易人民币结算、离岸人民币市场建设,着力优化大宗商品人民币计价、境内金融市场开放、人民币金融资产供给等环节。

五、实施金融高水平开放

一是提升金融内外市场和内外资源统筹水平,夯实金融强国的外部基础。以制度型开放为重点推进金融高水平对外开放,采取国民待遇原则和负面清单管理模式,加快推进重要金融市场和金融服务对外开放,重点推动金融机构、金融产品和金融服务体系的开放,实质提升外资金融机构业务许可便利水平，实现高水平金融开放和高韧性内外市场连接。

二是着力推动金融机构"引进来"和"走出去"。有效统筹国内国际两个市场，着力完善金融机构准入标准，注重完善金融业务准入许可，增强国内金融机构的海外业务水平，着力吸引长期资本，提升外资金融机构在华展业和业务关联。

三是强化国内监管与国际监管的内外统筹。强化国际监管的交流合作，着力加强数字经济和数据治理合作，提高数字经济监管的国际话语权，共同促进数字技术创新应用和有效风险治理。

六、统筹金融高质量发展和高水平安全

在内部，构建系统性金融风险防范化解长效机制，全局化、精准化、专业化地应对重大风险，重点处置宏观高杠杆、房地产风险和地方政府债务风险等，坚决守住不发生系统性金融风险的底线。

对外部，以总体国家安全观为指引，重点关注政策独立性、金融基础设施安全、货币安全、数据安全、金融资产安全等领域，建立有效应对金融制裁或外部极端冲击的金融安全政策体系，[1]促使高水平开放、高质量发展和高水平安全之间的良性互动与动态平衡。有效保护好海外资产"盘子"，着力保障金融安全。借鉴西方经验，健全投资安全审查制度。

在防范新的金融风险方面，着重强化数据治理规范和数据安全保障，重点警惕和防范数据采集、数据存储、数据转移等重点环节的潜

---

1. 郑联盛，刘贤达.统筹金融发展与金融安全的重点领域与政策建议［J］.经济纵横，2023（2）：111-121.

在风险，有效处置数据管辖权涉及的国家主权、司法管辖权和数据安全管理权等问题，确保金融数据安全。

在政策协调上，有效统筹人民币汇率形成机制、资本项目开放和人民币国际化，重点把控资本项目管理的"最后防火墙"功能，循序渐进推进资本项目开放。

同时，加强与国际社会在政策、制度、标准等方面的交流合作，着力提升我国在国际金融体系中的制度性话语权、制度影响力和金融综合竞争力。要以高质量发展促进高水平安全，以高水平安全保障高质量发展，实现金融高质量发展和高水平安全的良性循环。

第八章

坚持党的领导：
金融高质量发展的根本保证

习近平经济思想创造性地提出加强党对经济工作的全面领导的重大理论观点，深刻阐明了社会主义条件下经济和政治高度统一的辩证关系，丰富发展了马克思主义政治经济学关于经济和政治关系的理论。[1]党的十八大以来，习近平总书记多次强调，必须坚持党中央对金融工作的集中统一领导。2017年4月25日，中共中央政治局就维护国家金融安全进行第四十次集体学习，习近平总书记在主持学习时提出，"加强党对金融工作的领导，坚持党中央集中统一领导，完善党领导金融工作的体制机制，加强制度化建设，完善定期研究金融发展战略、分析金融形势、决定金融方针政策的工作机制，提高金融决策科学化水平"[2]。2024年1月16日，习近平在省部级主要领导干部推动金融高质量发展专题研讨班开班式上发表重要讲话，再次强调，坚

---

1. 中共中央宣传部，国家发展和改革委员会.习近平经济思想学习纲要［M］.人民出版社，学习出版社，2022：6-7.
2. 习近平.金融活经济活金融稳经济稳 做好金融工作维护金融安全［N］人民日报，2017-04-27（1）.

持党中央对金融工作的集中统一领导是中国特色金融发展之路的首要特征。坚持党对金融工作的集中统一领导，是"党对一切工作的领导"在金融领域的深化和具体化，是党在金融工作中把方向、谋大局、定政策、促改革，总揽中国金融发展全局，把控金融领域政治方向；制定金融发展战略，规划金融发展路径，主导金融发展方向；统筹中央与地方金融工作，统领金融监管部门和各类金融机构，管控金融领域组织建设；协调金融与实体经济发展，防范化解重大风险，统筹金融发展与金融安全；优化金融政策，统一金融领域思想，确保各项经济金融政策落实。坚持党中央对金融工作的集中统一领导是我国的制度优势，为中国特色金融高质量发展提供了根本保证，是历史逻辑性和现实必然性的有机统一。

第一节

坚持和加强党领导金融工作的历史逻辑

　　回顾党的百余年奋斗历程，从新民主主义革命时期金融制度初步建立、社会主义革命和建设时期金融体系建立与完善，到改革开放和社会主义现代化建设时期金融改革开放和创新发展，再到中国特色社会主义新时代突出强调金融服务实体经济和防范化解金融风险，党始终高度重视对金融工作的领导，将马克思主义与中国实践相结合，不断推进金融实践创新、理论创新、制度创新，历史性成就令人瞩目：建成全球最大的银行体系，中国债券纳入全球三大债券指数，普惠金融、绿色金融和数字金融走在世界前列，保持了金融体系的长期基本稳定，金融服务实体经济质效不断提升，对内对外双向开放逐步扩大，走出一条中国特色金融发展之路。坚持党对金融工作的集中统一领导，是做好金融工作的最大政治优势，是金融事业从无到有、从小到大、从弱到强的根本保证，在中国特色社会主义金融发展的生动实践中得到了检验、彰显了伟力。

　　纵观波澜壮阔的中国金融发展历程，党对金融工作的集中统一领导发挥了不可替代的决定性作用，主要体现在以下几个方面。

一、确立可信承诺，奠定金融稳定基石

金融的核心是信任，加强党对金融工作的集中统一领导能够以国家背书的形式确立可信承诺。党是中国宪法架构的重要组成部分，肩负集中全社会利益的责任，制定国家的金融大政方针，有助于促进金融与实体经济深度融合，有效应对金融发展过程中面临的"黑天鹅"和"灰犀牛"。党中央高度重视金融工作，中央政治局常委会、中央政治局、中央财经委员会、中央全面深化改革委员会及时研究分析金融形势，决定重大金融事项，做出重大金融决策；从1997年开始，党中央每5年举行一次全国金融工作会议，结合经济发展状况与金融体系重大事项做出重大战略部署；2023年10月金融工作会议时隔6年再次召开，从"全国金融工作会议"更名为"中央金融工作会议"，进一步凸显了党中央对金融工作的高度重视，以及金融在党和国家事业发展全局中的重要地位。

党中央与时俱进，审时度势，确保金融稳定与发展。面对一度较为明显的"大量资金流向虚拟经济，使资产泡沫膨胀，金融风险逐步显现"[1]现象，党中央明确要求要始终如一把金融服务实体经济放在第一位，摆正金融工作位置，促进经济和金融良性循环、健康发展。在这一思想指导下，金融资产"脱实向虚"势头很快得到扭转，乱加杠杆、以钱炒钱活动得到有效遏制，金融服务实体经济质效明显提升。面对数字化渗透金融领域对既有监管制度的挑战，资本无序扩张对产业生态的破坏，习近平总书记深刻指出，要"正确认识和把握资本的特性和行为规律""要探索如何在社会主义市场经济条件下发挥资

---

1. 习近平谈治国理政（第二卷）[M].北京：外文出版社，2017：241.

本的积极作用，同时有效控制资本的消极作用""既不让'资本大鳄'恣意妄为，又要发挥资本作为生产要素的功能"。[1]

面对世界百年未有之大变局加速演进、地缘政治博弈中金融工具"武器化"趋势日益明显等金融安全挑战，党中央始终坚持底线思维，坚持早识别、早预警、早发现、早处置，着力防范化解重点领域风险，着力完善金融安全防线和风险应急处置机制。党中央明确要求健全地方党政主要领导负责的重大财政金融风险处置机制，中央金融管理部门要依照法定职责承担监管主体责任，派出机构要自觉服从地方党委政府的领导，积极发挥专业优势和履行行业管理职责，与地方党委政府密切配合、协同发力，金融风险防范化解成效显著。党的领导是做好金融工作的最大政治优势，是中国金融安全策略的最大特色。

二、践行人民至上，夯实金融发展基础

党一贯"坚持发展为了人民、发展依靠人民、发展成果由人民共享"[2]。2022年8月，习近平总书记在考察辽沈战役纪念馆时指出，"民心是最大的政治，决定事业兴衰成败。只要我们党始终保持同人民群众的血肉联系，始终与人民同呼吸、共命运、心连心，就能拥有战胜一切艰难险阻的强大力量"[3]。不同于西方国家政府，中国共产党

---

1. 习近平. 正确认识和把握我国发展重大理论和实践问题 [J]. 求是，2022（10）.
2. 习近平. 努力成长为对党和人民忠诚可靠、堪当时代重任的栋梁之才 [J]. 求是，2023（13）.
3. 习近平在辽宁考察时强调 在新时代东北振兴上展现更大担当和作为 奋力开创辽宁振兴发展新局面 [N]. 人民日报，2022-08-19（1）.

领导的政府是以人民利益和社会福祉为依归的政府。[1] 习近平总书记指出，做好金融工作要"更好满足人民群众和实体经济多样化的金融需求"[2]。党中央始终强调金融工作的"人民性"，事实上就是将包容性视为金融服务生态系统的基本原则。党中央系统谋划、精心布局，积极发挥金融在打赢脱贫攻坚战中的积极作用，着力推进普惠金融高质量发展，完善普惠金融政策制定和执行机制，健全普惠金融基础设施、制度规则、基层治理，加快完善风险分担补偿等机制，在多层次多视角拓展弱势群体金融服务可得性渠道的同时，以金融服务的商业可持续作为弱势群体的财务硬约束，激励弱势群体将获得的资金投向更有效创造价值的项目，可谓"输血"与"造血"兼顾，使集合社会力量用于弱势群体的资金得到最有效的利用，从而为真正意义上实现金融的包容性、确保普惠金融和养老金融落到实处夯实了制度基础。

在金融支持攸关民生质量的生态环境改善方面，习近平总书记明确要求"加强对绿色金融业务和产品的监管协调"[3]。在党的二十大报告中，党中央又进一步从加快发展方式绿色转型的高度做出了系统性谋划，强调要"完善支持绿色发展的财税、金融、投资、价格政策和标准体系，发展绿色低碳产业，健全资源环境要素市场化配置体系，加快节能降碳先进技术研发和推广应用，倡导绿色消费，推动形成绿色

---

1. Yao, Yang, The Disinterested Government: An Interpretation of China's Economic Success in the Reform Era[M]//*Achieving Development Success: Strategies and Lessons from the Developing World*, edited by Augustin K. Fosu. Oxford: Oxford University Press, 2013, pp.152–175.
2. 习近平.深化金融改革　促进经济和金融良性循环健康发展［N］.人民日报，2017-07-16（1）.
3. 习近平.强化基础注重集成完善机制严格督察　按照时间表路线图推进改革［N］.人民日报，2016-08-31（1）.

低碳的生产方式和生活方式",这无疑为绿色金融创造了良好的发展环境。

三、坚持举贤任能,确保金融人才质量

为政之要,首在用人。举贤任能一直是人才选拔任用的标尺,是中国政治领导人和各级领导干部产生的重要制度基础。

2013年12月30日,《党政领导干部选拔任用工作条例》修订,信念坚定、为民服务、勤政务实、敢于担当、清正廉洁成为干部选拔任用的"五个标准"和根本遵循。干部的产生,需要经过初步考察、征求意见、内部评估、小范围投票等程序,确保其符合"五个标准"。党中央在官员选拔的治理机制上的作用类似于国际政治学者布尔诺·德·梅斯奎塔等人提出的"选拔团"。作为一个有包容性的"选拔团",党允许任何拥护党的领导并希望为国家做事的个人入党,官员选拔机制具有的开放性、竞争性和选贤任能的特点,很好地契合了以儒家学说为基础的治理形态,加之官员在层层选拔的历练中所积累的实践经验[1],能够保证金融人才队伍的质量,继而保证金融监督管理的质量,有助于降低信息不对称所致的逆向选择和道德风险发生概率,促进金融发展与金融安全。

2019年,《党政领导干部选拔任用工作条例》再度修订,要求突出政治标准,提拔重用树牢"四个意识"、坚定"四个自信"、坚决做到"两个维护"、全面贯彻执行党的理论和路线方针政策的干部;坚持事业为上,拓宽用人视野,激励担当作为,大力选拔敢于负责、勇于担当、善于作为、实绩突出的干部;落实从严要求,加强审核把

---

1. 姚洋,席天扬.中国新叙事——中国特色政治、经济体制的运行机制分析[M].上海:格致出版社,上海人民出版社,2018.

关，强化纪律监督，坚决整治选人用人上的不正之风；完善相关配套制度，围绕建立健全干部素质培养、知事识人、选拔任用、从严管理、正向激励体系，推动形成系统完备、科学规范、有效管用、简便易行的选人用人制度机制。据此，金融系统领导干部必须满足政治过硬、能力过硬、作风过硬标准。不仅如此，党中央要求领导干部特别是高级干部要努力学习金融知识，熟悉金融业务，把握金融规律，既要学会用金融手段促进经济社会发展，又要学会防范化解金融风险。

2023年10月召开的中央金融工作会议强调，要坚持政治过硬、能力过硬、作风过硬标准，锻造忠诚干净担当的高素质专业化金融干部人才队伍。党的各级领导干部驾驭金融工作能力得以不断增强，成为推动中国经济社会持续快速发展的关键领导力量。

四、严格内外监督，筑牢金融风险屏障

作为先锋型政党[1]，面对层出不穷的严峻考验，党以高度的政治责任感和历史使命感，始终坚持以刀刃向内、自我革命的精神，加快推进金融改革创新。党完善的内外监督机制与金融机构公司治理相结合，能够有效应对复杂的委托-代理关系。

司法体系对个人和组织法律层面的监督、人民代表大会对政府行政部门和司法体系的监督、人民政协对党的工作的监督，为党对金融工作集中统一领导的成效提供了有效的外部监督，而党内纪律监督与金融机构公司治理则夯实了内部监督基础。

党中央创造性地推进党委领导与公司治理相结合，通过"双向

---

1. 鄢一龙.党的领导与中国式善治[J].行政管理改革，2020（1）.

进入、交叉任职"的制度安排，确立了党组织和董事会工作机制的"二元规则"，把党的领导融入国有金融机构公司治理，无疑有助于牢牢把握金融改革的正确方向，有助于发挥党组织思想政治工作优势和动员能力，建构推动良治的企业文化，规避资本短视逐利引发的金融风险。

党内纪律监督激浊扬清，党的二十大以来，全面从严治党在金融领域全面推进，金融反腐持续深入。澎湃新闻据中央纪委国家监委网站不完全统计，2023年，金融领域至少有101人被查。其中，中管干部8人，中央一级党和国家机关、国企和金融单位干部75人，省管干部18人。

多年来的实践表明，党对金融工作的集中统一领导起到了举旗定向、稳定大局的关键作用，有效地遏制了破坏金融生态、孳生金融风险的套利及腐败行为，而弱化党的领导则会使金融工作不可避免地陷入乱象丛生、风险积聚的困境。

第二节

坚持党的领导是金融高质量发展的现实需要

党的十八大以来，以习近平同志为核心的党中央对关系新时代金融高质量发展的一系列重大理论和实践问题进行深入思考和科学研究，深刻把握经济金融发展规律，加强党对金融工作的全面领导，赋予社会主义金融事业新的时代内涵。金融改革、创新、发展取得新的重大成就，根本就在于以习近平同志为核心的党中央的坚强领导、正确决策、运筹帷幄和周密部署。新时代新征程，坚持和加强党的领导是确保金融工作沿着正确道路和方向前进、顺利推进金融高质量发展的现实需要。

一、全面推进中国式现代化的根本前提

党的二十大报告提出，"从现在起，中国共产党的中心任务就是团结带领全国各族人民全面建成社会主义现代化强国、实现第二个百年奋斗目标，以中国式现代化全面推进中华民族伟大复兴"。坚持中国共产党领导是中国式现代化的本质要求之一，金融体系要在中国式现代化进程中发挥积极作用，坚持和加强党对金融工作的集中统一领

导正是题中应有之义。中国式现代化内涵丰富、思想深刻，既观照到人口、技术进步、制度等长期经济增长要素，又兼顾人类面临的气候、老龄化、不平等三大经济挑战。金融高质量发展能够极大地提升人类减少生存风险和跨期配置资源以促进增长的能力。金融高质量发展对风险的有效管理以及对随机性的减少能带来社会不平等程度的降低。金融高质量发展始终与文化同频共振。绿色金融高质量发展能够通过支持可持续发展行业、优化资源配置、优化产业结构、推动节能环保领域的技术创新以及帮助企业控制环境风险等途径促进绿色发展。高质量发展普惠金融是推动包容性增长和社会公正的重要途径。高质量发展的金融在推动走和平发展道路方面也能够发挥积极作用。

然而，在世界百年未有之大变局加速演进、不确定性难预料因素增多的背景下，规模巨大的人口要实现共同富裕，同时实现物质文明和精神文明相协调、人与自然和谐共生及走和平发展道路，其复杂性和挑战性前所未有。唯有坚持党对金融工作的集中统一领导，全面发挥党总揽全局、协调各方的能力，以服务实体经济为宗旨，以防范系统性金融风险为底线，以深化改革开放为动力，以加强法治建设为保障，以加强党的领导为根本，才能有力地推进中国式现代化，实现中华民族复兴伟业，坚定不移地走出更为宽广的中国特色金融发展道路。

二、推进金融强国建设的必然要求

2023年10月召开的中央金融工作会议第一次提出，要加快建设金融强国。实现金融强国建设目标必须做到"八个坚持"，其中，"坚持党中央对金融工作的集中统一领导"被放在首位且最为关键。只有毫不动摇地坚持党的全面领导，旗帜鲜明地加强党的全面领导，实现党发挥作用的组织化、制度化、具体化，有为政府与有效市场有机结合，加快形成科学稳健的金融调控体系，更好地发挥政府的引导、激励与保障作用，凝聚党内党外共识，协调中央与地方、协同金融部门与非金融部门、统筹金融政策与非金融政策，促进金融治理现代化，真正把党的领导这一政治优势和我国社会主义制度优势转化为治理效能，才有可能真正做到"坚持以人民为中心的价值取向，坚持把金融服务实体经济作为根本宗旨，坚持把防控风险作为金融工作的永恒主题，坚持在市场化法治化轨道上推进金融创新发展，坚持深化金融供给侧结构性改革，坚持统筹金融开放和安全，坚持稳中求进工作总基调"，从而确保金融改革的正确方向，牢牢守住不发生系统性风险的底线，实现金融高质量发展，扎实推进金融强国建设。

三、阻遏宏观金融内生不稳定状态的必要制度安排

经济运行的市场过程在产生内生经济周期轨迹的同时，也导致了内在宏观不稳定性的出现，最终带来债务通缩乃至经济萧条，因而需要恰当的政府干预和制度约束。恰当的政府干预和制度约束通过中断内生过程，并以非市场决定的数值作为"初始条件"而再次启动经济过程，从而改变金融不稳定的表现和周期的形状。

但正如明斯基所指出的，相关的制度安排具有两面性，其在促进金融稳定的同时同样可能助长不稳定性。具体表现在，一方面，政府干预可能会产生政府债务与财政赤字，若是政府债务超过一定规模，便会损害政府产生净现金流的能力及政府信用；另一方面，金融监管干预为金融体系提供的再融资以及对潜在损失的社会化（如救助

政策）会造成道德风险，并使之成为金融不稳定的诱导性力量。此时，政府干预和制度约束的价值取向及驾驭能力至为关键。

习近平总书记深刻指出，"防范化解金融风险，事关国家安全、发展全局、人民财产安全，是实现高质量发展必须跨越的重大关口"[1]。坚持党对金融工作的集中统一领导，有助于充分发挥党在金融事业中运筹帷幄、总揽全局的作用，密切监测、准确预判、有效防范化解金融风险，依法打击危害金融稳定和金融安全的违法犯罪行为，阻遏宏观金融内生不稳定状态，确保金融体系安全高效运行。

四、抑制渐进式改革进程中结构性套利的重要保障

从金融学套利机会与定价体系的原理出发，金融问题的全局性与中国渐进式改革的局部性之间存在着突出的矛盾。

结构性套利机会的存在，等同于金融资产定价机制的缺失或扭曲，使得资产价格对风险不敏感，从而引发更多的套利行为，导致金融创新偏向跨界和跨境的套利，成为中国金融系统大幅波动的主要原因；源于资金的低成本快速流动与货币市场和资本市场纽带作用的金融问题全局性，叠加融资市场的割裂和无序管理，则进一步经由金融网络加大了金融不稳定发生的概率。而长期存在的套利机会，也会加大金融体系的杠杆，并且使得各类不在监管视野内的"影子银行"迅速扩张，进一步增大金融体系的波动性。

因而，有效抑制渐进式改革中的结构性套利，是防范化解系统性金融风险，提升金融为实体经济服务质效的关键。而抑制渐进式改革

---

[1]. 习近平.加强党中央对经济工作的集中统一领导　打好决胜全面建成小康社会三大攻坚战[N].人民日报，2018-04-03（1）.

中的结构性套利需要依靠金融体系外部的力量，最根本的就是要加强党对金融工作的集中统一领导，唯其如此，方能从全局着眼，打好防范化解金融风险攻坚战，切实维护国家金融安全。

当前我国"经济金融风险隐患仍然较多""金融乱象和腐败问题屡禁不止"[1]，有必要加强党对金融工作的领导，坚持党中央集中统一领导，完善党领导金融工作的体制机制。金融部门要按照职能分工，负起责任。地方各级党委和政府要按照党中央决策部署，做好本地区金融发展和稳定工作，做到守土有责，形成全国一盘棋的金融风险防控格局。

---

1. 中央金融工作会议在北京举行［N］.人民日报，2023-11-01（1）.

第三节

坚持和加强党的领导以保障金融高质量发展

坚持党中央对金融工作的集中统一领导，是中国特色金融发展道路的最本质特征和根本要求，是中国金融发展的最大制度优势所在。党的二十大对深化金融体制改革做出了重大部署，党的二十届二中全会决定组建中央金融委员会、中央金融工作委员会，就是党中央完善党领导金融工作体制机制的重大战略举措。推进新时代金融高质量发展，走中国特色金融发展之路，必须毫不动摇坚持党中央对金融工作的集中统一领导，坚持和加强党对金融工作的全面领导，包括进一步完善党领导金融工作的体制机制，切实提高党领导金融工作的能力，加强金融系统党的建设，提高党领导金融工作的法治化水平。

一、完善党领导金融工作的体制机制

习近平总书记指出："坚持党的领导，必须不断改善党的领导，让党的领导更加适应实践、时代、人民的要求。"[1]加强党中央对金融

---

1. 习近平在庆祝改革开放40周年大会上的讲话［N］.人民日报，2018-12-19（1）.

工作的集中统一领导，完善党领导金融工作的体制机制是基础。要按照中央金融工作会议的要求，发挥好中央金融委员会的作用，做好统筹协调把关；发挥好中央金融工作委员会的作用，切实加强金融系统党的建设；发挥好地方党委金融委员会和金融工委的作用，落实属地责任，切实强化组织保障，增强党全面领导金融工作的合力动力，把党中央关于金融工作的大政方针和决策部署不折不扣贯彻落实到位，把党领导金融工作的制度优势转化为治理效能。

一是提高党领导金融工作的科学化水平，强化中央金融委员会对金融稳定与发展的顶层设计、统筹协调、整体推进、督促落实职能，锚定金融强国建设目标，牢牢守住不发生系统性金融风险的底线，坚定不移走中国特色金融发展道路。提升金融强国的战略规划与长期部署水平，推动中国特色现代金融体系建设，在保持金融政策稳健、金融监管稳慎、风险处置稳妥、市场预期稳定、金融运行平稳的同时，促发展、调结构、补短板，为经济社会发展提供高质量金融服务，不断开创新时代金融工作新局面。

二是加强中央金融工作委员会对金融系统党的建设的领导与指导。以提升金融系统的政治站位、凸显金融工作的政治性与人民性为着力点，切实推进金融体系党的政治建设、思想建设、组织建设、作风建设、纪律建设，为有效促进金融强国战略部署向政策执行力转化、保障政策实施体系的畅通无阻继而实现金融发展与国家战略的有机统一夯实基础。

三是加强和完善现代金融监管，建立健全金融稳定发展协调机制，理顺金融监管和风险处置的关系，完善"风险为本"的审慎监管框架，推动形成"一行一局一会"横向协同与中央地方纵向协同相融合的金融监管格局。在中央金融委员会和中央金融工作委员会的领导下，中国人民银行专注货币政策和宏观审慎监管，金融监管总局集机构监管与行为监管于一身，证监会则专司资本市场监管，各司其职的同时又围绕金融强国建设目标加强协同配合，避免监管重叠和交叉，防止监管部门条块分割导致的监管真空和漏洞，杜绝监管套利，有效降低金融市场主体合规成本，提高金融服务效率。优化中央和地方职责分工，发挥好地方党委金融委员会和金融工委的作用，提高金融支持地方经济高质量发展能力及效率，落实属地责任。健全责权一致、激励约束相容的风险处置责任机制，建立健全地方县区级金融风险监测及早期纠正机制，早识别、早预警、早暴露、早处置，从区域层面消除监管空白和盲区，做到"守土有责"。加强信息交流共享，切实做到同责共担、同题共答、同向发力，全面实现央地金融监管协同，提升金融发展一体化、法治化和市场化水平。

二、提高党领导金融工作的能力

经济金融形势复杂、金融改革发展任务艰巨、金融市场金融业务创新大变化快，以及金融工作本身非常强的专业性，都对党的领导提出了更多更高的要求。习近平总书记指出："领导干部提高领导经济工作能力不是只懂一点经济学知识、科学知识就够了，还必须学习历史知识、厚植文化底蕴、强化生态观念。"[1] 要提高党领导金融工作的专业化能力，增强做好金融工作的原则性、系统性、预见性和创造性。

---

1. 中共中央宣传部，国家发展和改革委员会. 习近平经济思想学习纲要[M]. 北京：人民出版社，学习出版社，2022：22.

一是提高把握金融发展方向的能力。

党的十九大提出了从 2035 年到本世纪中叶,"把我国建成富强民主文明和谐美丽的社会主义现代化强国"的奋斗目标,就必须坚持社会主义发展方向不动摇。要引导和激励金融市场主体或金融机构服务于实体经济发展,不断提高为实体经济服务的能力和水平,在此前提下,也让金融机构获得合理收益,以持续为经济发展服务。党在领导金融工作过程中,要与时俱进不断调整金融业发展方向,使其符合经济社会发展需要。特别是要在金融机构偏离发展方向时,尊重金融业发展规律和运行规律,科学引导金融机构回归正确的发展道路。

二是提高谋划金融发展大局的能力。

谋划大局是党领导金融工作的重要方面,面对国内外严峻复杂的局面,党在领导金融工作过程中,要牢固树立大局意识,认识大局、服从大局、维护大局。中国金融发展的大局就是增强金融服务实体经济能力、不发生系统性金融风险、建设金融强国。

在国内,金融业与各行各业有着千丝万缕的联系,中央与地方金融管理部门之间、金融监管部门之间、金融机构之间都有各自的行为方式和利益诉求;在经济全球化背景下,各国金融业相互联系、相互渗透、相互影响。因此,党领导金融工作应协调好中央与地方各级各类金融管理部门职能,协调好金融监管与金融机构运作,弱化部门利益以形成合力,降低金融风险,在保持金融行业安全稳定的前提下促进经济发展。

党在领导金融工作中谋划大局,还应抓住主要矛盾和矛盾的主要方面。我国社会主要矛盾是"人民日益增长的美好生活需要和不平衡不充分的发展之间的矛盾",表现在金融层面,就是人民日益增长的金融服务和金融产品需求与金融发展地域和人群不平衡不充分之间的矛盾，即金融供给不能有效满足金融需求的问题。这就需要促进金融机构的竞争与合作，减少无序竞争，丰富金融产品；同时，实现金融有序开放，扩大金融机构发展空间，为人民群众提供更加丰富多样的金融产品与服务。

三是提高制定金融政策的能力。

制定金融及相关政策是落实把握方向、谋划大局的具体手段。党领导金融工作，要通过广泛调查、深入分析和判断国内外经济金融形势，全面了解各方利益诉求，使金融政策符合实际、切实可行。同时，要加强制定金融政策的制度化建设，完善金融决策程序，增强法治意识，做到科学决策、民主决策、依法决策。还要随形势的变化及时、灵活调整金融政策，应对和解决经济金融运行中的突出矛盾和问题。

四是提高推进金融改革的能力。

改革是我国金融业可持续发展的根本动力，是解决金融发展问题的主要手段。党领导金融工作需要不断提高推进金融改革的能力，始终坚守改革促发展的信念。要在党的集中统一领导下，深化金融供给侧结构性改革；要科学确定金融供给侧结构性改革的思路，推出新的改革举措；要鼓励金融机构创新，强化对金融改革成功经验的总结与推广；要营造良好的金融创新氛围，激发金融市场主体创新活力。

三、加强金融系统党的建设

党的领导是做好金融工作的根本政治保证。为确保党的路线、方针、政策在金融系统得到全面贯彻和落实，实现党对金融工作的领导,就需要有落地的抓手和组织保障。因此,需要强化中央金融工作委员会对金融系统党的建设的领导和指导功能,充分发挥党的政治优势,加强金融系统党的建设,大力弘扬中华优秀传统文化,从思想上、组织上、作风上保证党对金融工作的领导。

一是做好金融系统党的思想政治工作。

金融系统有自身的行业特点,金融从业人员有其特有的行为规范,金融系统的思想政治工作应针对金融工作特点有的放矢。要将思想政治工作与中国特色金融文化相融合,引导金融系统员工讲政治,树立正确的人生观、价值观,按经济、金融规律办事,做到:诚实守信,不逾越底线;以义取利,不唯利是图;稳健审慎,不急功近利;守正创新,不脱实向虚;依法合规,不胡作非为。要进一步加强金融系统思想政治工作的研究,设计符合金融工作特点的思想政治教育内容。要强化金融系统思想政治工作的组织建设,实现金融系统思想政治工作的制度化和常规化。

二是做好金融系统党的组织工作。

党的组织工作是党的建设的重要组成部分,是金融系统党的建设的组织保障。加强金融系统党的组织工作,必须坚持党的民主集中制原则;建立健全金融系统党的组织机构,完善党对中国特色社会主义金融事业的集中统一领导;坚持党管金融干部原则,树立正确的选人用人导向,提高金融系统组织部门干部队伍的政治站位,使其心怀"国之大者",厚植报国情怀;加强金融系统党的基层组织建设,加强与人民群众的沟通和联系;推动金融机构党建工作与公司治理深度融合,与业务工作同频共振、相融互促,在党建引领中筑牢金融发展之基。

三是加强金融系统党风廉政建设。

由于特殊的工作内容和性质,金融业是容易滋生腐败的行业。做好金融系统党风廉政、反腐防腐工作,是金融体系健康运行的重要保证。要将正风肃纪反腐与深化金融改革、完善金融制度、促进金融治理、推动金融发展贯通起来;要依靠发扬民主、健全法制来预防和治理金融系统腐败问题;要实现金融系统党风廉政工作的制度化和法制化,有针对性地补齐制度短板,构建一体推进不敢腐、不能腐、不想腐体制机制,通过体制创新铲除滋生腐败的土壤;要加强金融纪检部门建设,建立专业的金融反腐人才队伍,强化对"一把手"和领导班子等"关键少数"的监督,探索建立一体推进惩治金融腐败和防控金融风险相关机制。

四、提高党领导金融工作的法治化水平

社会主义市场经济本质上是法治经济,加强党对金融工作的领导,必须"提高党领导经济工作的法治化水平""领导干部尤其要带头依法办事,自觉运用法治思维和法治方式来深化改革、推动发展、化解矛盾、维护稳定"。[1] 必须坚持法治思维,增强法治观念,依法调控和治理金融,要运用法律工具解决金融发展中的各种利益问题,提高金融监管的法治化水平。

一是完善金融法律法规体系。

根据金融市场的发展变化,及时推进金融重点领域和新业态、新业务、新主体领域立法,增强金融立法的包容性、匹配性和时代性;

---

1. 习近平在中央经济工作会议上的讲话[M]// 中共中央文献研究室. 习近平关于社会主义经济建设论述摘编. 北京: 中央文献出版社, 2017: 322-323.

加强立法的科学性、民主性和透明度，充分征求、听取采纳利益相关者意见，建立立法后评估制度，定期修法以实现与时共进，确保法律法规的公正性和有效性；加强金融监管法律与《公司法》《企业破产法》《刑法》修改工作的有效衔接，确保金融法律法规与其他相关法律法规之间的协调性和一致性，避免法律冲突和重复，为金融活动提供框架完整、逻辑清晰、制度完备的规则体系，构建各项立法相互促进、形成合力的良好格局。

二是依法加强金融监管。

一方面，要依法将所有金融活动全部纳入监管，全面强化机构监管、行为监管、功能监管、穿透式监管、持续监管，消除监管空白和盲区，严格执法，敢于亮剑，运用现代科技手段，提高监管的智能化、精准化水平，严厉打击非法金融活动，落实"做坏事要付出代价"。另一方面，要强化"对监管的监管"[1]，进一步推进金融监管守法，落实行政裁量权基准制度，坚持程序正义与结果正义并重，破除单纯运用行政手段管理金融业务的旧思维，改变用超越法律法规的手段和政策来抓金融机构、开展金融业务推动发展的办法，开展行政执法监督，强化内部监督，主动接受司法监督，以严格的问责机制约束监管行为，鼓励担当作为，坚决打击寻租行为。

三是推进金融司法公正。

党的二十大明确提出，"公正司法是维护社会公平正义的最后一道防线"，司法对于维护金融公平正义至为关键。要进一步加强金融监管司法机构和金融法院建设，凝聚金融机构、行业组织、金融管理

---

1. 中央金融委员会办公室，中央金融工作委员会．坚定不移走中国特色金融发展之路［J］．求是，2023（23）．

部门、司法机关合力，健全金融纠纷调解、仲裁等多元化解机制，提高金融纠纷解决效率，切实维护金融消费者权益；加大对金融案件执行力度，确保金融判决得到有效执行；提高金融司法透明度，加强金融风险防范信息共享机制建设，完善金融司法研究机制和智库建设；打造国际化金融纠纷解决平台，确保金融司法公正和效率。

后　记

习近平总书记关于金融的系列重要论述，根植于马克思主义，是运用马克思主义基本原理、马克思主义立场观点方法指导我国经济金融发展实践形成的重大理论成果，是对马克思主义政治经济学的创造性丰富与创新性发展，充分展现了习近平经济思想的深厚理论渊源与鲜明的辩证唯物主义和历史唯物主义科学世界观方法论特质。

习近平总书记关于金融的系列重要论述，立足于中国国情，是以求真务实精神追求真理的光辉智慧结晶，充分展现了习近平经济思想实事求是、与时俱进的理论品质，以及与实际相结合、认识论和方法论相统一的鲜明特色。

习近平总书记关于金融的系列重要论述，着眼于中国经济发展大势和以人为本这一根本，是马克思主义与中国经济金融改革同行的历史写真和经验总结，充分展现了习近平经济思想以人民为中心、人民至上的根本价值取向。

习近平总书记关于金融的系列重要论述，根植于马克思主义，立足于中国国情，"与时代同步伐，与人民共命运"，关注和回答了时代和实践提出的重大金融理论和实践课题，内涵丰富，博大精深，充分展现了习近平对中国特色社会主义经济金融建设高屋建瓴的认识和既广且深的观察，充分展现了习近平作为马克思主义政治家、思想家、战略家的深刻洞察力、敏锐判断力和理论创造力，极大地丰富了马克思主义中国化理论宝库。

当前和今后一个时期，做好金融工作，必须以加快建设金融强国为目标，以推进金融高质量发展为主题，以深化金融供给侧结构性改革为主线，以防范化解系统性金融风险为重点。必须以金融高质量发展助力强国（包括金融强国）建设、中国式现代化和民族复兴伟业。

本书围绕金融高质量发展这一主题，从金融高质量发展与中国式现代化、优化金融服务、深化金融改革、防控金融风险、扩大金融开放、培育金融文化、建设金融强国、坚持党的领导等多个视角进行了全景式阐释和全方位解析，希望能为我国金融有序、可持续高质量发展提供实践指引。

本书在初稿写作、资料整理、数据收集、图表绘制等过程中，得到了张雪兰教授、郑联盛研究员、李超副研究员、王学凯副研究员、许振慧高级经济师、曾敏博士、王文汇博士、闵逸杰博士等的大力支持和帮助，在此向他们表示衷心的感谢。

中信出版社的张飚主编、聂斌编辑等为本书的策划、编辑、出版花费了大量的心血，特别是在春节期间，占用了他们与家人团聚的大量宝贵时间，也要向他们表示最诚挚的谢意！

金融高质量发展是一个宏大的主题，也是一个系统工程，限于本人的学识水平，书中难免存在表述不清、概括不全、理解不深、阐释不透甚至谬误之处，恳请广大读者提出宝贵意见。

参考文献

［1］奥尔法·阿卢伊尼.国家规模、增长和货币联盟［M］.汤凌霄，陈彬，欧阳峣，欧阳曜亚，译.上海：格致出版社，上海人民出版社，2020.

［2］白钦先.百年金融的历史性变迁［J］.国际金融研究，2003（2）.

［3］沃尔特·白芝浩.伦巴第街［M］.北京：商务印书馆，2017.

［4］本·伯南克.信贷紊乱对实体经济的影响：来自本轮全球金融危机的教训［J］.比较，2019（1）.

［5］蔡昉."大流行"经济学：应对疫情冲击与恢复经济增长［M］.北京：中国社会科学出版社，2020.

［6］陈昌盛，许伟.数字宏观：数字时代的宏观经济管理变革［M］.北京：中信出版社，2022.

［7］陈进华.治理体系现代化的国家逻辑［J］.中国社会科学，2019（5）.

［8］陈颐.儒家文化、社会信任与普惠金融［J］.财贸经济，2017（4）.

［9］陈雨露，罗煜.金融开放与经济增长：一个述评［J］.管理世界，2007（4）.

［10］陈中飞，王曦.资本账户子项目开放的经济增长效应及中国应用［J］.管理世界，2019，35（1）.

［11］崔巍.信任、市场参与和投资收益的关系研究［J］.世界经济，2013（9）.

［12］帕瓦达瓦蒂尼·桑达拉彦，纳格拉彦·维崴克，范连颖.绿色金融助推印度绿色经济可持续发展［J］.经济社会体制比较，2016（6）.

［13］费孝通.关于"文化自觉"的一些自白［J］.学术研究，2003（7）.

［14］高培勇，李扬，蔡昉，等.深化经济与金融改革　推进中国式现代化——学习贯彻党的二十大精神专家笔谈［J］.金融评论，2022，6.

［15］龚强，张一林，林毅夫.产业结构、风险特性与最优金融结构［J］.经济研究，2014（4）.

［16］郭峰，王靖一，王芳，等.测度中国数字普惠金融发展：指数编制与空间特征［J］.经济学（季刊），2020，19（4）.

［17］国家外汇管理局外汇研究中心课题组.金融市场双向开放的国际经验［J］.中国外汇，2021（19）.

［18］韩保江，李志斌.中国式现代化：特征、挑战与路径［J］.管理世界，2022，38（11）.

［19］何德旭."十四五"时期金融改革发展的战略选择［J］.财经智库，2021，6（1）.

［20］何德旭.把握金融本质　服务实体经济［N］.光明日报，2019-04-02.

［21］何德旭.不断深化对金融本质和规律的认识［N］.经济日报，2023-11-01.

［22］何德旭.发挥金融促进共同富裕的重要作用［N］.经济日报，2022-01-13.

［23］何德旭.构建全方位的金融安全战略体系［N］.人民日报，2017-08-04.

［24］何德旭.构建新发展格局需要统筹金融发展与金融安全［J］.经济研究，2021，56（1）.

［25］何德旭.加强党领导金融工作的历史逻辑与现实必然［J］.财贸经济，2022，43（9）.

［26］何德旭.坚持高质量发展是新时代的硬道理［N］.经济日报，2024-01-19.

［27］何德旭.建立现代金融体制　促进经济高质量发展［J］.财贸经济，2021，42（1）.

［28］何德旭.金融监管：世界趋势与中国的选择——兼论中国银监会的设立［J］.管理世界，2003（9）.

［29］何德旭.开拓中国特色金融发展新境界［N］.经济日报，2022-10-12.

［30］何德旭.社会主义现代化国家经济建设的科学指南［J］.经济学动态，2022（9）.

［31］何德旭.深刻认识稳金融［N］.人民日报，2019-03-22.

［32］何德旭.推动我国金融高质量发展［N］.人民日报，2023-12-14.

［33］何德旭.为民营企业发展壮大提供有效金融服务［N］.中国社会科学报，2023-12-21.

［34］何德旭.新时代中国金融发展的根本遵循［N］.人民日报，2022-06-24.

［35］何德旭.用互联网技术管理金融风险［N］.经济日报，2017-06-12.

［36］何德旭.综合施策解决民营企业融资难题［N］.人民日报，2018-12-09.

［37］何德旭.做好高质量发展这篇大文章［J］.财贸经济，2022，43（1）.

［38］何德旭，曾敏.积极培育中国特色金融文化［N］.经济日报，2024-02-07.

［39］何德旭，程贵.绿色金融［J］.经济研究，2022，（10）.

［40］何德旭，冯明.新中国货币政策框架70年：变迁与转型［J］.财贸经济，2019，40（9）.

［41］何德旭，冯明.中国宏观融资结构的转型特征［J］.经济学动态，2021（8）.

［42］何德旭，龚云，郑联盛.扎实推进金融强国建设［N］.经济日报，2024-01-31.

［43］何德旭，苗文龙.国际金融市场波动溢出效应与动态相关性［J］.数量经济技术经济研究，2015，32（11）.

［44］何德旭，苗文龙.怎样建立中国现代金融体系［J］.财经智库，2018（4）.

［45］何德旭，饶明.资产价格波动与实体经济稳定研究［J］.中国工业经济，2010（3）.

［46］何德旭，谭洪波.规范资本发展 促进共同富裕［N］.光明日报，2022-07-05.

［47］何德旭，王朝阳.中国金融业高增长：成因与风险［J］.财贸经济，2017，38（7）.

［48］何德旭，王学凯.地方政府债务违约风险降低了吗？——基于31个省区市的研究［J］.财政研究，2020（2）.

［49］何德旭，王学凯.积极应对新冠肺炎疫情肆虐下的全球债务风险［J］.财经智库，2020（2）.

［50］何德旭，应寅锋.不断完善党领导经济工作的体制机制和方式——学习

十六届四中全会《决定》的体会[J].财贸经济,2005(5).

[51]何德旭,张斌彬.居民杠杆与企业债务风险[J].中国工业经济,2021(2).

[52]何德旭,张雪兰.从金融视角看中国式现代化道路[J].中国社会科学,2023(5).

[53]何德旭,张雪兰.中国式现代化需要怎样的金融体系[J].财贸经济,2023,44(1).

[54]何德旭,郑联盛.金融危机:演进、冲击与政府应对[J].世界经济,2009,32(9).

[55]何德旭,郑联盛.影子银行体系与金融体系稳定性[J].经济管理,2009(11).

[56]何德旭,张雪兰,王朝阳,等.货币政策不确定性、银行信贷与企业资本结构动态调整[J].经济管理,2020,42(7).

[57]何德旭,苗文龙,闫娟娟,等.全球系统性金融风险跨市场传染效应分析[J].经济研究,2021,56(8).

[58]何德旭,王朝阳,闵逸杰.中国金融发展十年主要成就及重要经验[J].国外社会科学,2022(5).

[59]何德旭,等.中国金融稳定:内在逻辑与基本框架[M].北京:社会科学文献出版社,2013.

[60]何德旭,杨·卢什卡.中国与捷克:金融的变迁及转型[M].中国社会科学出版社,2020.

[61]胡亚楠.资本账户开放的门槛效应及路径研究[J].世界经济研究,2020(1).

[62]黄凌云,邹博宇,张宽.中国金融发展质量的测度及时空演变特征研究[J].数量经济技术经济研究,2021,38(12).

[63]黄益平,王勋.读懂中国金融:金融改革的经济学分析[M].北京:人民日报出版社,2022.

[64]吉富星.地方政府隐性债务的实质、规模与风险研究[J].财政研究,2018(11).

[65]江小涓.创新管理方式完善宏观经济治理体制[N].经济日报,2020-

06-02.

［66］海因茨·D.库尔茨.经济思想简史［M］.李酣，译.北京：中国社会科学出版社，2016.

［67］李俊玲，戴朝忠，吕斌，等.新时代背景下金融高质量发展的内涵与评价——基于省际面板数据的实证研究［J］.金融监管研究，2019（1）.

［68］李扬."金融服务实体经济"辩［J］.经济研究，2017（6）.

［69］廉保华，高磊，朱丽丽，等.商业银行高质量发展评价体系构建与应用研究［J］.金融监管研究，2018（12）.

［70］林毅夫，孙希芳，姜烨.经济发展中的最优金融结构理论初探［J］.经济研究，2009，44（8）.

［71］刘典.金融－科技－产业："金融强国"战略的三元结构和历史演进［J］.金融经济学研究，2024（1）.

［72］刘非，郑联盛.ISO金融国际标准：演进、博弈与应对［J］.国际经济评论，2021，155（5）.

［73］刘桂平.金融系统要坚定不移践行新发展理念［J］.中国金融，2022（1）.

［74］刘鹤.必须实现高质量发展［N］.人民日报，2021-11-24.

［75］刘俏.我们热爱的金融：重塑我们这个时代的中国金融［M］.北京：机械工业出版社，2020.

［76］刘锡良.深化金融供给侧改革，促进金融高质量发展［J］.经济学家，2023（12）.

［77］鲁政委，方琦，钱立华.促进绿色信贷资产证券化发展的制度研究［J］.西安交通大学学报（社会科学版），2020，40（3）.

［78］陆磊.在改革开放中建设金融强国［N］.人民日报，2015-10-14.

［79］吕炜，靳继东.从财政视角看中国式现代化道路［J］.中国社会科学，2022（11）.

［80］吕炜，靳继东.始终服从和服务于社会主义现代化强国建设——新中国财政70年发展的历史逻辑、实践逻辑与理论逻辑［J］.管理世界，2019，35（9）.

［81］马骏.论构建中国绿色金融体系［J］.金融论坛，2015，20（5）.

［82］马克思，恩格斯.共产党宣言［M］.北京：人民出版社，2018.

［83］毛捷，徐军伟.中国地方政府债务问题研究的现实基础——制度变迁、统计方法与重要事实［J］.财政研究，2019（1）.

［84］潘功胜.国务院关于金融工作情况的报告——2023年10月21日在第十四届全国人民代表大会常务委员会第六次会议上［J］.中国金融家，2023（10）.

［85］卡萝塔·佩蕾丝.技术革命与金融资本：泡沫与黄金时代的动力学［M］.田方萌，胡叶青，刘然，等.译.北京：中国人民大学出版社，2007.

［86］卡瑞恩·克诺尔·塞蒂娜，亚力克斯·普瑞达.牛津金融社会学手册［M］.艾云，罗龙秋，向静林，译.北京：社会科学文献出版社，2019.

［87］彭红枫，朱怡哲.资本账户开放、金融稳定与经济增长［J］.国际金融研究，2019（2）.

［88］钱穆.中华文化十二讲［M］.北京：九州出版社，2017.

［89］盛松成，孙丹.利率汇率改革与资本账户双向开放［J］.中国金融，2020（19）.

［90］世界银行.数字金融服务报告［R］.2020-4.

［91］司聪，任保平.金融高质量服务新实体经济的逻辑、机制与路径［J］.新疆社会科学，2024（1）.

［92］苏剑，刘伟.现代化与金融高质量发展［J］.国际金融研究，2023（6）.

［93］王昌林，李扬，吴晓求，等.推动金融高质量发展　加快建设金融强国——学习贯彻中央金融工作会议精神专家笔谈［J］.金融评论，2023，6.

［94］王国刚.中国金融高质量发展之要义［J］.国际金融研究，2023（5）.

［95］王栻.严复集（第2册）［M］.北京：中华书局，1980.

［96］习近平.当前经济工作的几个重大问题［J］.求是，2023（4）.

［97］习近平.服务实体经济防控金融风险深化金融改革　促进经济和金融良性循环健康发展［N］.人民日报，2017-07-16（1）.

［98］习近平.高举中国特色社会主义伟大旗帜　为全面建设社会主义现代化国家而团结奋斗——在中国共产党第二十次全国代表大会上的报告［J］.求是，2022（21）.

［99］习近平.弘扬和平共处五项原则　建设合作共赢美好世界——在和平共处五项原则发表60周年纪念大会上的讲话［N］.人民日报，2014-06-29（1）.

［100］习近平.加强党中央对经济工作的集中统一领导　打好决胜全面建成小康社会三大攻坚战［N］.人民日报，2018-04-03（1）.

［101］习近平.坚定不移走中国特色金融发展之路　推动我国金融高质量发展［N］.人民日报，2024-01-17.

［102］习近平.坚定文化自信，建设社会主义文化强国［J］.求是，2019（12）.

［103］习近平出席中国共产党与世界政党领导人峰会并发表主旨讲话［N］.人民日报，2021-07-07（1）.

［104］习近平.金融活经济活金融稳经济稳　做好金融工作维护金融安全［N］.人民日报，2017-04-27（1）.

［105］习近平.决胜全面建成小康社会　夺取新时代中国特色社会主义伟大胜利［N］.人民日报，2017-10-28（1）.

［106］习近平.努力成长为对党和人民忠诚可靠、堪当时代重任的栋梁之才［J］.求是，2023（13）.

［107］习近平.强化基础注重集成完善机制严格督察　按照时间表路线图推进改革［N］.人民日报，2016-08-31（1）.

［108］习近平.全党必须完整、准确、全面贯彻新发展理念［J］.求是，2022（16）.

［109］习近平.深化金融改革　促进经济和金融良性循环健康发展［N］.人民日报，2017-07-16（1）.

［110］习近平.深化金融供给侧结构性改革　增强金融服务实体经济能力［N］.人民日报，2019-02-24（1）.

［111］习近平.新发展阶段贯彻新发展理念必然要求构建新发展格局［J］.求是，2022（17）.

［112］习近平.在党的十九届七中全会第二次全体会议上的讲话［J］.求是，2022（23）.

［113］习近平在辽宁考察时强调　在新时代东北振兴上展现更大担当和作为　奋力开创辽宁振兴发展新局面［N］.人民日报，2022-08-19（1）.

[114]习近平.在文化传承发展座谈会上的讲话[J].求是,2023(17).

[115]习近平.正确认识和把握我国发展重大理论和实践问题[J].求是,2022(10).

[116]新华社.习近平主持中共中央政治局第十三次集体学习[N].2019-02-23.

[117]新华社.中共中央关于制定国民经济和社会发展第十四个五年规划和2035年远景目标的建议[N].2020-10-29.

[118]新华社.中央全面深化改革领导小组第十六次会议召开[N].2015-09-15.

[119]徐忠.新时代背景下中国金融体系与国家治理体系现代化[J].经济研究,2018(7).

[120]许振慧,何德旭.注重防控疫情冲击下的中小商业银行风险[J].银行家,2020(5).

[121]鄢一龙.党的领导与中国式善治[J].行政管理改革,2020(1).

[122]姚洋,席天扬.中国新叙事——中国特色政治、经济体制的运行机制分析[M].上海:格致出版社,上海人民出版社,2018.

[123]易纲,汤弦.汇率制度"角点解假设"的一个理论基础[J].金融研究,2001(8).

[124]张杰.金融学在中国的发展:基于本土化批判吸收的西学东渐[J].经济研究,2020,55(11).

[125]张杰.金融资源跨时配置与经济崛起[J].中国金融,2018(4).

[126]张礼卿.对中国资本账户开放进程的一些观察与思考[J].国际金融,2021(11).

[127]张明.跨境资本流动新特征与资本账户开放新讨论[J].财经智库,2022(1).

[128]张苏.发展壮大养老金融 促进养老体系健康发展[N].光明日报,2023-12-27.

[129]张晓晶.金融发展与共同富裕:一个研究框架[J].经济学动态,2021(12).

［130］张雪兰，杨瑞桐.银行集中度、文化适应压力与企业家精神［J］.财贸经济，2022，43（7）.

［131］张宇燕，冯维江.新时代国家安全学论纲［J］.中国社会科学，2021（7）.

［132］张占斌，王海燕，等.关于中国式现代化道路的答问［M］.北京：国家行政学院出版社，2022.

［133］赵人伟.经济转型和民生［M］.北京：商务印书馆，2021.

［134］赵彦云，汪涛.金融体系国际竞争力理论及应用研究［J］.金融研究，2000（8）.

［135］郑联盛,刘贤达.统筹金融发展与金融安全的重点领域与政策建议［J］.经济纵横，2023（2）.

［136］郑联盛.加快建设金融强国：现实价值、短板约束与重要举措［J］.改革，2023（12）.

［137］郑联盛.深化金融供给侧结构性改革：金融功能视角的分析框架［J］.财贸经济，2019，40（11）.

［138］中共中央文献研究室.习近平关于科技创新论述摘编［M］.北京：中央文献出版社，2016.

［139］中共中央宣传部，国家发展和改革委员会.习近平经济思想学习纲要［M］.北京：人民出版社，学习出版社，2022.

［140］中国工商银行绿色金融课题组.商业银行构建绿色金融战略体系研究［J］.金融论坛，2017，22（1）.

［141］中国人民银行.2023年人民币国际化报告［R/OL］.http://www.pbc.gov.cn/goutongjiaoliu/113456/113469/5114765/2023102720175126516.pdf，2024.

［142］中国银保监会党委.持之以恒防范化解重大金融风险［J］.求是，2022（10）.

［143］中央金融委员会办公室，中央金融工作委员会.坚定不移走中国特色金融发展之路［J］.求是，2023（23）.

［144］钟华星.我国金融高质量发展的现状及对策——基于国际比较的研究［J］.西南金融，2021（2）.

［145］周立，张永霞.金融强国重要论述的逻辑框架、时代内涵及价值意蕴［J］.金融经济学研究，2024（1）.

［146］周小川.关于改革国际货币体系的思考［J］.中国金融，2009（7）.

［147］周小川.金融服务实体经济的理念、相关政策和长期效果［J］.比较，2021（4）.

［148］周小川.金融改革发展及其内在逻辑［J］.中国金融，2015（19）.

［149］朱孟楠.推动金融高质量发展，助力金融强国建设［J］.经济学家，2023（12）.

［150］马克思恩格斯全集（第26卷）［M］.北京：人民出版社，1974.

［151］马克思恩格斯全集（第30卷）［M］.北京：人民出版社，1995.

［152］马克思恩格斯选集（第一卷）［M］.北京：人民出版社，2012.

［153］十九大以来重要文献选编（上）［M］.北京：中央文献出版社，2019.

［154］习近平谈"一带一路"［M］.北京：中央文献出版社，2018.

［155］习近平谈治国理政（第一卷）［M］.北京：外文出版社，2014.

［156］习近平谈治国理政（第二卷）［M］.北京：外文出版社，2017.

［157］习近平在庆祝改革开放40周年大会上的讲话［N］.人民日报，2018-12-19（1）.

［158］习近平在中央经济工作会议上的讲话［M］//中共中央文献研究室.习近平关于社会主义经济建设论述摘编.北京：中央文献出版社，2017.

［159］习近平主持召开中央财经委员会第十次会议强调 在高质量发展中促进共同富裕 统筹做好重大金融风险防范化解工作［N］.人民日报，2021-08-18（1）.

［160］习近平主持召开中央全面深化改革委员会第二十四次会议强调 加快建设世界一流企业 加强基础学科人才培养［N］.人民日报，2022-03-01（1）.

［161］中央金融工作会议在北京举行［N］.人民日报，2023-11-01（1）.

［162］Allen F, Bartiloro L, Gu X, and Kowalesiki O. Does Economic Structure Determine Financial Structure? [J]. *Journal of International Economics*, 2018, vol.114, pp.389–409.

[163] Andy Haldane. Rethinking the Financial Network [R]. Speech given at the Financial Student Association, Amsterdam, April 28, 2009.

[164] Arrighi, G., *The Long Twentieth Century: Money, Power, and the Origins of Our Times*[M]. London: Verso, 1994.

[165] Atiur Rahman. The Mutually-Supportive Relationship Between Financial Inclusion and Financial Stability[J]. *AFI Viewpoints*, 2014, vol.1, pp.1–5.

[166] Banerjee, A. and Newman, A., Occupational Choice and the Process of Development[J]. *Journal of Political Economy*, 1993, vol.101, pp.274–298.

[167] Ben S. Bernanke and Mark Gertler. Agency Costs, Net Worth, and Business Fluctuations[J]. *American Economic Review*, 1989, vol. 79, no. 1, pp.14–31.

[168] Ben S. Bernanke, Mark Gertler and Simon Gilchrist. Chapter 21 The Financial Accelerator in a Quantitative Business Cycle Framework[M]//*Handbook of Macroeconomics*, edited by John B. Taylor and Michael Woodford, Amsterdam: North Holland, 1999, vol. 1, part C, pp.1341–1393.

[169] Bernard S. Black. The Legal and Institutional Preconditions for Strong Securites Markets[J]. *UCLA Law Review*, 2001, vol.48, no.4, pp.781–855.

[170] Besson, J., Women's Use of ROSCAs in the Caribbean: Reassessing the Literature[M]//*Money-Go-Rounds: The Importance of Rotating Savings and Credit Associations for Women*, edited by S. Ardener and S. Burman, London: Routledge, 1996, pp.263–288.

[171] Bronwyn H. Hall, Josh Lerner. The Financing of R&D and Innovation[M]// *Handbook of the Economics of Innovation*, edited by Bronwyn H. Hall and Nathan Rosenberg, Netherlands: Elsevier, 2010, pp. 609–639;

[172] Carmen M. Reinhart and Kenneth S. Rogoff. *This Time Is Different: Eight Centuries of Financial Folly*[M]. Princeton: Princeton University Press, 2011.

[173] Carruthers, B.G., *City of Capital: Politics and Markets in the English Financial Revolution*[M]. Princeton: Princeton University Press, 1996, pp.90.

[174] Chan, Y.S., On The Positive Role Financial Intermediation in Allocation of Venture Capital in a Market with Imperfect Information[J], *Journal of Finance*,

1983, vol.38, pp.154-156.

[175] Chant, J., The new theory of financial intermediation [M]// *Current Issues in Financial and Monetary Economics*, Kevin Dowd and Mervyn K. Lewis, London: Palgrave Macmillan, 1992, pp.42-65.

[176] Dirk Schoenmaker. The Financial Trilemma[J]. *Economics Letters*, 2011, vol.111, no.1, pp.57-59.

[177] Douglas W. Diamond and Philip H. Dybvig. Bank Runs, Deposit Insurance, and Liquidity[J]. *Journal of Political Economy*, 1983, vol.91, no.3, pp.401-419.

[178] Edward S. Shaw. *Financial Deepening in Economic Development*[M]. Oxford: Oxford University Press, 1973.

[179] Eugen Fama. Efficient Capital Market: A Review of Theory and Empirical Work[J]. *Journal of Finance*, 1970, vol.25, no.2, pp. 382-417.

[180] Frederic S. Mishkin. Financial Consolidation: Dangers and Opportunities[J]. *Journal of Banking and Finance*, 1999, vol.23, pp.675-691.

[181] Gabriel Almond and Sidney Verba. *The Civic Culture: Political Attitudes and Democracy in Five Nations*[M]. New York: SAGE Publications, 1963.

[182] Galor, O. and Zeira, J., Income Distribution and Macroeconomics[J]. *Review of Economic Studies*, 1993, vol. 60, pp.35-52.

[183] Garry J. Schinasi. Preserving Financial Stability [J]. *Economic Issue*, 2005, no. 36, pp.2.

[184] Goldsmith, R. W., *Financial Structure and Development*[M]. New Haven: Yale University Press, 1969.

[185] Goodhart, C.A.E., *Money, Information and Uncertainty* [M]. Second Edition. Cambrige: MIT Press, 1989.

[186] Greenwood, J. And Jovanovic, B., Financial Development, Growth, and the Distribution of Income[J]. *Journal of Political Economy*, 1990, Vol.98, pp.1076-1107.

[187] Gustavo Manso. Motivating Innovation[J]. *Journal of Finance*, 2011, vol.66,

no.5, pp.1823-1860.

[188] H. Peyton Young. The Evolution of Social Norms[J]. *Annual Review of Economics*, 2015, vol.7, pp.359-387.

[189] Henry Farrell and Abraham L. Newman. Weaponized Interdependence: How Global Economic Networks Shape State Coercion[J]. *International Security*, 2019, vol.44, no.1, pp.42-79.

[190] Hyman P. Minsky. Financial Factors in the Economics of Capitalism[J]. *Journal of Financial Services Research*, 1995, vol. 9, pp.197-208.

[191] Hyman P. Minsky. The Capitalist Development of the Economy and the Structure of Financial Institutions [Rl. Prepared for the Session "Financial Fragility and the U.S. Economy". Annual Meetings, American Economic Association, New Orleans,1992.

[192] Hyman P. Minsky. The Financial Instability Hypothesis[R]. Working Paper no. 74, 1992, The Jerome Levy Economics Institute of Bard College, pp.4-5.

[193] International Monetary Fund. Corporate Governance, Investor Protection and Financial Stability in Emerging Markets[R]. Global Financial Stability Report, 2016.

[194] International Monetary Fund. How Do Changes in the Investor Base and Financial Deepening Affect Emerging Market Economies[R]. Global Financial Stability Report, 2014.

[195] Jackson, P.S., Royal Spirits, Chinese God and Magic Monks: Thailand's Boom Time Religions of Prosperity[J]. *Southeast Asia Research*, 1999, vol.7, no.3, pp.245-320.

[196] Joseph A. Schumpeter. *A Theory of Economic Development*[M]. Cambridge: Harvard University Press, 1911.

[197] Joseph A. Schumpeter. *History of Economic Analysis*[M]. London: George Allen & Unwin,1954.

[198] Joseph E. Stiglitz. The Role of the State in Financial Markets[J]. *The World Bank Economic Review*, 1993, vol. 7, no.1, pp.19-52.

[199] Joseph E. Stiglitz. Where Modern Macroeconomics Went Wrong[J]. *Oxford Review of Economic Policy*, 2018, vol.34, no.1-2, pp.70-106.

[200] Kaushik Basu. Conventions, Morals and Strategy: Greta's Dilemma and the Incarceration Game[J]. *Synthese*, 2022, vol.200, no.1, pp.1-19.

[201] Kevin P. Gallagher, Haihong Gao, Ulrich Volz, José Antonio Ocampo and William N. Kring. Expanding the Global Financial Safety Net[R]. Boston University Working Paper, 2020.

[202] King, R. and R. Levine. Finance and Growth: Schumpeter Might Be Right[J]. *Quarterly Journal of Economics*, 1993, vol.108, pp. 717-773.

[203] Kurtz, L., and Dibartolomeo, D., The KLD Catholic Values 400 Index[J]. *Journal of Investing*, 2005, vol.14, no.3, pp.101-104.

[204] Lars E. O. Svensson. Monetary Policy and Macroprudential Policy: Different and Separate? [J]. *Canadian Journal of Economics*, 2018, vol.51, no.3, pp.802-827.

[205] Laurissa Mühlich, Barbara Fritz and William N. Kring. Towards the Marginalization of Multilateral Crisis Finance? The Global Financial Safety Net and COVID-19[R]. GEGI Policy Brief 015. Boston, MA, Global Development Policy Center, 2021.

[206] Lawrence J. Christiano, Martin S. Eichenbaum, and Mathias Trabandt. Understanding the Great Recession[J]. *American Economic Journal: Macroeconomics*, 2015, vol.7, no.1, pp.110-167.

[207] Lenin, V.I., *Imperialiam The Highest Stage of Capitalism*[M]. New York: Independently Published, 2021.

[208] Leo Panitch and Sam Gindin. Capitalist Crises and the Crisis This Time[J]. *Socialist Register*, 2011.

[209] Leo Panitch, Greg Albo and Vivek Chibber. eds., *The Crisis This Time*[M]. London: The Merlin Press, 2010, pp.16.

[210] Levine, R. and Zervos, S., Stock Markets, Banks, and Economic Growth[J]. *American Economic Review*, 1998, vol.88, pp.537-554.

[211] Lin, J. Y., X. Sun, and Y. Jiang. Endowment, Industrial Structure and Appropriate Financial Structure: A New Structural Economics Perspective[J]. *Journal of Economic Policy Reform*, 2013, vol. 16, no. 2, pp.1–14.

[212] Marco Da Rin, Thomas Hellmann. Banks as Catalysts for Industrialization[J]. *Journal of Financial Intermediation*, 2002, vol. 11, pp.366–397.

[213] Mark Gertler and Nobuhiro Kiyotaki. Financial Intermediation and Credit Policy in Business Cycle Analysis[M]//*Handbook of Monetary Economics, vol. 3*, edited by B. M. Friedman and M. Woodford. Amsterdam: Elsevier Science. 2009, pp.547–599.

[214] Mark Gertler and Simon Gilchrist. What Happened: Financial Factors in the Great Recession[J]. *Journal of Economic Perspectives*, 2018, vol. 32, no. 3, pp. 3–30.

[215] Markus K. Brunnermeier, Michael Sockin, and Wei Xiong. China's Model of Managing the Financial System[J]. *The Review of Economic Studies*, 2021.

[216] Markus K. Brunnermeier, Michael Sockin, and Wei Xiong. China's Model of Managing the Financial System[J]. *The Review of Economic Studies*, 2021, vol. 89, pp. 3115–3153.

[217] Matthew O. Jackson. Systemic Risk in Financial Networks: A Survey[J]. *Annual Review of Economics*, 2021, vol.13, pp.171–202.

[218] Matthieu Montalban, Vincent Frigant and Bernard Jullien. Platform Economy as a New Form of Capitalism: a Régulationist Research Programme [J]. *Cambridge Journal of Economics*, 2019, vol. 43, no. 4, pp. 805–824.

[219] Maurice Obstfeld. Two Trilemmas for Monetary Policy[R]. Speech at Bank Negara Malaysia Conference on "Monetary Policy 2.0?", July 24, 2017.

[220] Ronald I. McKinnon. *Money and Capital in Economic Development*[M]. Washington DC: Brookings Institution Press, 1973.

[221] Merton, R. C. and Bodie, Z., A Conceptual Framework for Analyzing the Financial Environment[M]//*The Global Financial System: A Functional Perspective*, edited by Dwight B. Crane et al. Boston: Harvard Business Review Press, 1995, pp.12.

[222] Mueller, S.A., Investing Returns on an Islamic-Principled Mutual Fund in the United States: Further Evidence for the Cost-of-Discipleship Hypothesis[J]. *Sociology of Religion*, 1994, vol.55, no.1, pp.85–87.

[223] Nobuhiro Kiyotaki and John Moore. Credit Cycles[J]. *Journal of Political Economy*, 1997, vol. 105, no.2, pp.211–248.

[224] Pager, D. and Shepherd, H., The Sociology of Discrimination: Racial Discrimination in Employment, Housing, Credit and Consumer Markets[J]. *Annual Review of Sociology*, 2008, vol.34, pp.181–209.

[225] Patrick Bolton, Morgan Després, Luiz Awazu Pereira da Silva, Frédéric Samama and Romain Svartzman. The Green swan: Central Banking and Financial Stability in the Age of Climate Change[R]. Bank for International Settlements and Banque de France, 2020

[226] Paul Glasserman and H. Peyton Young. Contagion in Financial Networks[J]. *Journal of Economic Literature*, 2016, vol. 54, no. 3, pp. 779–831.

[227] Po-Hsuan Hsu, Xuan Tian and YanXu. Financial Development and Innovation: Cross-country Evidence [J]. *Journal of Financial Economics*, 2014, vol.112, no.1, pp.116–135.

[228] Raghuram G. Rajan and Luigi Zingales. Financial Dependence and Growth[J]. *American Economic Review*, vol. 88, no.3, 1998, pp.559–586; Robert King and Ross Levine. Finance and Growth: Schumpeter Might be Right[J]. *Quarterly Journal of Economics*, 1998, vol.108, no. 3, pp.717–737.

[229] Raja M. Almarzogi, SamiBen Naceur, and Akshay Kotak. What Matters for Financial Development and Stability? [R]IMF Working Paper, 2015, WP/15/173.

[230] Raúl Delgado Wise and Mateo Crossa Niell. Capital, Science, Technology: The Development of Productive Forces in Contemporary Capitalism[J]. *Monthly Review*, 2021, vol. 72, no. 10.

[231] Ricardo Hausmann and Dani Rodrik. Economic Development as Self-Discovery[J]. *Journal of Development Economics*, 2003, vol.72, pp.603–633.

[232] Robert C. Merton, Zvi Bodie. A Conceptual Framework for Analyzing the Financial Environment. Chap. 1[M]//*The Global Financial System: A Functional Perspective*, by Dwight Crane, Kenneth A. Froot, Scott P. Mason, André Perold, Robert C. Merton, Zvi Bodie, Erik R. Sirri, and Peter Tufano, Boston: Harvard Business Review Press, 1995, pp.3–31.

[233] Ron Chernow. *The Death of the Banker: The Decline and Fall of the Great Financial Dynasties and the Triumph of the Small Investor*[M]. London: Vintage, 1997.

[234] Ronald I. McKinnon. *Money and Capital in Economic Development*[M]. Washington DC: Brookings Institution Press, 1973.

[235] Ronald I. McKinnon. *The Order of Economic Liberalization: Financial Control in Transition to a Market Economy*[M]. Baltimore: The Johns Hopkins University Press, 1991.

[236] Rudiger Dornbusch. Expectations and Exchange Rate Dynamics[J]. *Journal of Political Economy*, 1976, vol. 84, pp. 1161–1176.

[237] Samir Amin. *The Implosion of Contemporary Capitalism*[M]. New York: Monthly Review Press, 2013.

[238] Sassen, S., *Territory, Authority, Rights: From Medieval to Global Assemblages*[M]. Princeton: Princeton University Press, 2008.

[239] Schumpeter J. *Capitalism, Socialism and Democracy*[M]. New York: Harper Perennial, 1962.

[240] Shaw,E. S., *Financial Deepening in Economic Development*[M]. New York: Oxford University Press, 1973.

[241] Simeon Djankov, Caralee McLiesh, Andrei Shleifer. Private Credit in 129 Countries[J]. *Journal of Financial Economics*, 2007, vol. 84, no. 2, pp. 299–329.

[242] Simon Johnson, Peter Boone, Alasdair Breach, Eric Friedman. Corporate Governance in the Asian Financial Crisis[J]. *Journal of Financial Economics*, 2000, vol.58, no.1–2, pp.141–186.

[243] Thomas Philippon. Has the U.S. Finance Industry Become Less Efficient? [R] NYU Working Paper, 2011.

[244] Tobias Adrian, Nina Boyarchenko. Intermediary Leverage Cycles and Financial Stability[R]. Federal Reserve Bank of New York Working Report 567, 2016.

[245] Ufuk Akcigit, William R. Kerr. Growth through Heterogeneous Innovations[J]. *Journal of Political Economy*, 2018, vol.126, no.4, pp.1374–1443.

[246] Volz, U., Fostering Green Finance for Sustainable Development in Asia[R]. ADBI Working Paper Series, No. 814, 2018.

[247] Xavier Freixas, Jean-Charles Rochet. *Microeconomics of Banking* [M]. Second Edition. Cambridge: MIT Press, 2008.

[248] Yao, Yang, The Disinterested Government: An Interpretation of China's Economic Success in the Reform Era[M]//*Achieving Development Success: Strategies and Lessons from the Developing World*, edited by Augustin K. Fosu. Oxford: Oxford University Press, 2013, pp.152–175.

[249] Zhiguo He and Arvind Krishnamurthy. A Macroeconomic Framework for Quantifying Systemic Risk[J]. *American Economic Journal: Macroeconomics*, 2019, vol. 11, no. 4, pp.1–37.